SVLTO

Seit 1533, als sich Catarina de Medici, begleitet von zahlreichen Köchen und Kellermeistern, nach Frankreich einschiffte, um den späteren König von Frankreich Henri I. zu heiraten, gilt die Küche der Toskana als die Mutter aller heutigen Küchen.
Alice Vollenweider hat über diese Küche ein Reise-, Koch- und Lesebuch geschrieben, mit heitersten Ausblicken und Einsichten in die toskanische Lebensart.
Ein bezauberndes Kompendium, das Magen und Kopf in sehnsüchtige Schwingungen versetzt: Der Magen will schmecken, der Kopf will reisen.

»Alice Vollenweider ist eine der besten Kennerinnen der italienischen Küche.« DIE WELTWOCHE

Alice Vollenweider

DIE KÜCHE DER TOSKANA

Eine Reise durch ihre Regionen

Mit passenden Rezepten

Verlag Klaus Wagenbach Berlin

Jacopo Pontormo, *Abendmahl in Emmaus*

INHALT

ZUM ABENDESSEN EINEN KOHL

Pontormos Tagebuch und die Geschichte der toskanischen Küche

Das einzigartigste Dokument zur Geschichte der Ernährung in der Toskana stammt weder von einem Koch noch von einem Schriftsteller, sondern von dem Maler Jacopo Pontormo, dem großen Meister des Florentiner Manierismus. Wer Florenz liebt, kennt sicher seine ekstatische Grablegung in der Kirche Santa Felicità mit ihren fast unwirklich leuchtenden Farben oder die großartigen Porträts von Cosimo il Vecchio und seiner Mutter Maria Salviati, die in den Uffizien hängen. In seinen beiden letzten Lebensjahren hat Pontormo ein Tagebuch geführt, das im Oktober 1556, zwei Monate vor seinem Tod, abbricht. Es ist auf italienisch und deutsch ediert worden. Der Maler notiert nichts als die konkreten Ereignisse seiner Tage, zu denen neben den Speisen, die er zu Hause, bei Freunden oder im Wirtshaus aß, auch seine physischen Beschwerden gehören: seine Darmstörungen, seine Katarrhe, seine Schwindel- und Fieberanfälle. Und das langsame Fortschreiten seiner Arbeit im Chor der Kirche von San Lorenzo, wo er ein Jüngstes Gericht malte, das unvollendet blieb und im Jahr 1742 zerstört wurde. Die Entwürfe sind in den Uffizien aufbewahrt.
In Pontormos Tagebuch verweben sich das Essen und das Malen von Zeile zu Zeile zum Grundmuster einer einsamen Existenz, oft übergangslos, im gleichen Satz. Am 12. Mai 1555 notiert er: »Samstag Abendessen mit Piero, einen Arnofisch, Quark, Eier und Artischocken, zuviel ge-

gessen, besonders Quark; Mittagmahl mit Bronzino, kein Abendessen; und es war zu meinem Glück, da ich zuviel gegessen. Montag, zum Abendessen das Fleisch vom Donnerstag aufgewärmt, hat mir nicht gut getan; dazu 10 Unzen Brot. Den 13. Dienstag den Rumpf mit dem Kopf nach unten angefangen, zu Abend Salat und Eierkuchen, 10 Unzen Brot… Donnerstag den einen Arm gemacht. Freitag den andern Arm. Samstag den Schenkel der Figur in dieser Lage.« Und am 5. Juli 1556 notiert er lakonisch: »Samstag kein Abendessen, gezeichnet.«

Das Originalmanuskript, das in der Biblioteca Nazionale von Florenz liegt, enthält am Rand kleine Figurenskizzen von Pontormos Hand, flüchtige, fast kindliche Bruchstücke des gewaltigen Unternehmens von San Lorenzo – nicht unähnlich den Alltagsfragmenten des Tagebuchs, hinter denen die gequälte und melancholische Präsenz eines Autors aufscheint, der alles verschweigt, was sonst in Tagebüchern ausgebreitet wird.

Das wenige, das er erwähnt, ist für den Historiker jedoch ein außergewöhnliches Dokument vom kulinarischen Alltag eines Florentiner Bürgers im 16. Jahrhundert. Viel authentischer als Kochbücher oder literarische Quellen, die sich fast immer auf festliche Anlässe beziehen. Als Künstler im Dienst des Großherzogs Cosimo I. hatte Pontormo ein relativ gesichertes Leben und das Frugale seines Speisezettels spiegelt viel eher seine Gebresten und seinen misanthropischen Charakter als finanzielle Sorgen.

Was auf den ersten Blick überrascht, ist die Vielfalt seiner Menüs, die auch einer Diätberaterin unserer Gegenwart gefallen könnte. Pontormo war, wie die meisten Gebildeten seiner Zeit, ein Anhänger der Diätetik und von Ärzten beraten, die ihre Patienten zu beobachten wußten, obwohl sie in der Theorie bis ins 17. Jahrhundert der antiken Tradition von Hippokrates und Galenus anhingen; er hat sogar für sich selber ein kurzes *tacuinum sanitatis* verfaßt, das beschreibt, wie man im Lauf der Jahreszeiten die schädlichen Einflüsse der Natur durch Fasten korrigiert.

Im Frühling gab es Spargel, Artischocken, Spinat, Mangold als Gemüse und als Salat, im Sommer Erbsen und Saubohnen, im Herbst gekochten Kürbis und im Winter zum Abendessen auch einmal Brot und Kohl, den er »mit eigener Hand« zubereitete. Verschiedene grüne Salate aß er das ganze Jahr hindurch, bei sich zu Hause, bei Freunden und im Wirtshaus. Es ist anzunehmen, daß sie mit Olivenöl angemacht wurden, das Pontormo – wie den Wein – von Bauern der Umgebung bezog. Das gute Fleisch wurde gebraten, das schlechte gekocht und für die Suppe verwendet. Eier wurden als Rühreier oder Eierkuchen zubereitet. Im Wirtshaus bestellte man Täubchen und Drosseln, Sumpfhühner und gebratene oder marinierte Fische aus dem Arno. Manchmal auch ein Lammnierchen oder eine gebackene Lammleber. Als Nachtisch erwähnt das Tagebuch Käse oder Ricotta, getrocknete Feigen und Nüsse, gekochte Äpfel, Pflaumen und vor allem Trauben. Manchmal hat der Maler aber auch genug und beendet eine Aufzählung von Speisen mit einem summarischen »und anderes Zeug«.

Wenn Pontormo seinen Kohl zum Abendessen mit eigener Hand zubereitete, kann man annehmen, daß es sich um *crostini di cavolo* handelte, das klassische toskanische Kohlgericht, das man noch heute auf der Speisekarte volkstümlicher Osterien oder traditionsbewußter Restaurants findet. Die Toskana ist die einzige italienische Provinz, in der die artenreiche Familie der Kohlgewächse stets hoch geschätzt wurde, am meisten der *Cavolo nero*, der Schwarzkohl, der nach dem ersten Frost besonders zart und aromatisch schmeckt. Seine dekorativen palmartigen Wedel sind so tief dunkelgrün, daß sie fast schwarz wirken. Vom Herbst bis zum Frühling findet man ihn auf jedem Gemüsemarkt, während er außerhalb der Toskana kaum bekannt ist. Die Kohlschnitten kann man mit jeder Kohl- oder Wirsingsorte zubereiten; man wird dabei auf jeden Fall einen würzigen und angenehmen Geschmack entdecken, dem man unvermischt vielleicht noch nie begegnet ist, weil unsere Vorstellung und Praxis der italienischen Küche sich weitgehend auf die modischen Aromen von Rucola, Basilikum und Aceto balsamico reduziert haben.

CROSTINI DI CAVOLO

Geröstete Brotschnitten mit Kohl

500 g Grünkohl oder Wirsing
4 Scheiben gutes Hausbrot
2 Knoblauchzehen
Olivenöl
Salz und schwarzer Pfeffer

Man putzt den Kohl, wäscht ihn und entfernt die harte Mittelrippe der Blätter. Dann legt man die Blätter mit wenig Wasser und etwas Salz in einen Kochtopf und kocht sie in 5–15 Minuten weich. Darauf gibt man sie in ein Sieb zum Abtropfen, drückt sie leicht aus, und hackt sie grob. Die Kochbrühe wird aufgehoben. Man röstet die Brotscheiben auf beiden Seiten, reibt sie mit Knoblauch ein und legt sie in eine flache Schüssel. Nun bedeckt man sie mit dem gehackten Kohl, bestreut mit Pfeffer und beträufelt mit Olivenöl.

PS. Die Toskaner sind so scharf auf den Kohl, daß sie ihn an-

stelle von Basilikum auch zu einem Pesto verarbeiten. Sie kochen Grün-, Weiß-, Rot-, Schwarz- oder Wirsingkohl in Salzwasser weich, pressen die Blätter so trocken als möglich und pürieren sie im Mixer zusammen mit Knoblauch, Olivenöl und Salz zu einer nicht zu dünnen, geschmeidigen Paste, mit der man Teigwaren würzt oder eine Gemüsesuppe verfeinert. Man kann diesen Kohlpesto in einem Schraubglas, mit Olivenöl bedeckt, eine Woche im Kühlschrank aufbewahren.

Das wichtigste Nahrungsmittel Pontormos war jedoch das Brot, das in seinen Aufzeichnungen in fast obsessiver Weise stets mit dem genauen Gewicht angegeben wird. Das Maß ist die Unze, die ungefähr 30 g entspricht. Zu einer Mahlzeit – Pontormo aß häufig nur einmal am Tag – verzehrte er 250–500 g Brot. Wenn er zu Hause arbeitete, war Brot oft seine einzige Speise; in der letzten Woche des Jahres 1554 heißt es zum Beispiel: »Freitag und Samstag aß ich zu Hause 30 Unzen Brot.«

Pontormos Brotkonsum überrascht einen Leser von heute; im 16. Jahrhundert lag er jedoch eindeutig unter der Norm, was ein Indiz dafür ist, daß er sich eine abwechslungsreiche Ernährung leisten konnte. Dokumente und Studien zeigen, daß zwischen dem 14. und dem 17. Jahrhundert die tägliche Brotration eines Erwachsenen zwischen 500 und 600 g lag, in manchen Fällen zwischen 700 und 1000 g. In den Städten bestand 50 Prozent der lebensnotwendigen Kalorien aus Weizen, während auf dem Land auch mindere Getreidesorten wie

Roggen und Gerste, oder auch Kastanien und Hülsenfrüchte zu Brot und Suppen verarbeitet wurden. Es lag vor allem an dieser einseitigen Ernährung, daß Mißernten damals sehr rasch zu katastrophalen Hungersnöten führten.
Die zentrale Bedeutung des Brotes hat sich in der Toskana bis in die Gegenwart gehalten, obwohl später neue Kalorienspender wie der Mais, der Buchweizen, die weißen Bohnen und die Kartoffel entdeckt und eingeführt wurden. Vielleicht läßt sich das hartnäckige Festhalten am Brot der Vergangenheit, das heute wie zu Dantes Zeit salzlos zubereitet wird, nur in einem politischen Kontext ganz begreifen: Unter der Herrschaft der Medici verwandelte sich die Toskana im Lauf des 16. Jahrhunderts in ein absolutistisches Großherzogtum, das bis zur französischen Revolution Bestand hatte! In Handel und Wirtschaft kehrten frühmittelalterliche Zustände zurück und Florenz entwickelte sich zu einer konservativen und bigotten Stadt, die nur noch von den Zinsen ihres Kunstkapitals lebte.
Sicher ist, daß es in Europa keine andere Kochtradition gibt, die das Brot in so vielen phantasievollen Varianten in den Speisezettel eingebaut hat. Von den gerösteten Brotschnitten mit ihren feinen Aufstrichen aus Hühnerleber, Pilzen, Tomaten oder Oliven bis zu den Brotsuppen, den Gemüse- oder Fischsuppen, die über Brotschnitten angerichtet werden. Auch Wildschweinsteaks, Leberscheiben, kleine gebratene Vögel oder reichhaltige Fleichragouts werden selten ohne ein paar Brotcroutons serviert, die ihre aromatischen Säfte aufnehmen und bewahren.
Ob das schmeckt, ist eine Frage des Brotes, das heutzutage auch in der Toskana häufig als mittelmäßiges Industrieprodukt angeboten wird. Nur gutes, mindestens einen Tag altes Landbrot mit fester Krume ist aber den toskanischen Brotorgien angemessen. Wer einen vertrauenswürdigen Bäcker hat, kann die Brotrezepte mit den besten Chancen ausprobieren.

Zum Beispiel den Brotsalat, den Pontormos Malerfreund Bronzino in seinen *Rime in burla* (Scherzgedichte) als höchsten irdischen Genuß erwähnt. Er ist in der ganzen Toskana ein beliebtes und erfrischendes Sommergericht, das sich als Vorspeise oder als kleine Mahlzeit eignet.

PANZANELLA
Brotsalat

300 g altbackenes Brot (vom Vortag)
2–3 reife Tomaten
1 Zwiebel
1/2 Gurke
Basilikumblätter
Rotweinessig
Olivenöl, Salz und Pfeffer

Man schneidet das Brot in Scheiben, die man in kaltes Wasser legt, bis sie weich geworden sind. Dann drückt man sie von Hand so gut als möglich aus und zerreibt das Brot zwischen den Handflächen zu Bröckchen, die man in eine Schüssel fallen läßt. Sie sollten fast trocken sein. Darauf schneidet man die Zwiebel und die Gurke in feine Scheibchen, die geschälten und entkernten Tomaten in kleine Würfel und gibt sie zusammen mit den von Hand zerzupften Basilikumblättern in die Schüssel mit dem Brot. Man verrührt Essig, Öl, Salz und Pfeffer zu einer Salatsauce, mit der man den Salat sorgsam vermischt. Vor dem Essen stellt man ihn mindestens eine Stunde in den Kühlschrank. Da das Brot eine Menge Aroma schluckt, ist es vor dem Essen vielleicht nötig, die Panzanella nachzuwürzen.

Zwischen dem 13. und dem 16. Jahrhundert war Florenz eine der reichsten und glanzvollsten Städte Europas. Die erste Stadt, deren Bürger schon Ende des 13. Jahrhunderts der Adelsherrschaft ein Ende setzten und ein Handels- und Bankwesen aufbauten, das ihnen europaweit Geltung verschaffte. Im Jahr 1300 zählte Florenz 100 000 Einwohner und gehörte neben Neapel, Palermo, Paris und Köln zu den größten Städten des Kontinents. Es war die erste mittelalterliche Stadt, die eigene Münzen prägte: den Goldflorin, einen Vorläufer des Euro, der auf allen europäischen Märkten und Börsen hoch im Kurs stand. Die bürgerliche Familie der Medici, die im 15. Jahrhundert die politische Führung mit Geschick und Gewalt übernahm, vermehrte ihren Reichtum im Tuch- und Seidenhandel und später im Orienthandel und gründete ein Bankhaus mit über sechzehn Kontoren zwischen London und Zypern. Dank ihrer multinationalen Handelsverbindungen waren die Medici weitgehend unabhängig und beeinflußten die Politik nur insofern, als sie die Kriege der europäischen Fürsten und Könige finanzierten. Zur Erhaltung ihres eigenen Einflusses bevorzugten sie allerdings friedliche Machtstrategien: zum Beispiel die Heirat der vierzehnjährigen Caterina de Medici mit Henri de Valois, der später als Henri I. den französischen Thron bestieg.

Im Gefolge der jungen Florentinerin, die sich im September 1533 von Portovenere aus nach Marseille einschiffte, gab es neben Pferdepflegern, Hebammen, Zimmermädchen, Schneiderinnen und Astrologen auch eine stattliche Zahl von Köchen, Konditoren und Kellermeistern, die in Paris für ihr Wohl sorgen sollten. Für die französische Küche war dieses Jahr ein Wendepunkt oder sogar, wie der große Koch Raymond Oliver vor ein paar Jahren zum Ärger seiner chauvinistischen Mitbürger sagte, eine Revolution. Die florentinischen Köche kamen aus einer avantgardistischen kosmopolitischen Stadt, auf deren Markt es alles zu kaufen gab, was neugierige und weltkundige Bürger sich wünschen konnten. Auch die neu aus Amerika importierten Gemüse wie weiße Bohnen, Mais, Tomaten und Kartoffeln, deren Zubereitung noch kaum bekannt war. Sie wollten

nichts mehr wissen von den komplizierten und überwürzten Fleischtöpfen der mittelalterlichen Küche, die in Frankreich nach wie vor dominierten. Statt dicker Suppen servierten sie Fleischbrühe mit einer Einlage; sie kochten die Fische in einem Sud aus Wein, Wasser und Kräutern und richteten sie ohne weitere Komplikationen mit einer leichten Sauce an. Sie führten am französischen Hof als Antipasti frische grüne Salate, Radieschen, Oliven, rohen Fenchel, marinierte Fische, Kaviar und Krabbensalat ein und zum Nachtisch stellten sie neben verführerischen Torten auch Käse und Früchte bereit. Dieser neue Kurs spiegelt sich auch in den vielen italienischen Lehnwörtern, die damals ins Französische eindrangen wie zum Beispiel ravioli, cervelas, caviar, massepain, artichaut, brocoli und salsifis.
Die Liebe zum knackig frischen, rohen Gemüse gehört noch heute zu den Merkmalen der Florentiner Küche. Die einfachste und gesündeste Vorspeise, die man sich vorstellen kann, heißt in Florenz *Pinzimonio* und ist unter diesem Namen auch in anderen Regionen bekannt geworden. Sie besteht aus einem schön arrangierten Stilleben verschiedener garten- oder marktfrischer Gemüse und einer Sauce aus Olivenöl, Salz und Pfeffer, die von keiner Mayonnaise, Béarnaise oder Béchamel übertroffen wird.

PINZIMONIO
Rohes Gemüse als Vorspeise

Fenchel, Karotten, Selleriestangen,
Radieschen, Gurken,
Chicorée, Frühlingszwiebeln
Olivenöl, Salz, frischgemahlener schwarzer Pfeffer

Man putzt und wäscht das Gemüse und schneidet es in längliche Stücke. Jeder Esser hat vor sich ein Schälchen, in dem er die Sauce nach eigenem Gusto mischt und mit dem Gemüse auftunkt, das ihm am besten schmeckt. En famille *mischen sich die Toskaner die Sauce im eigenen Teller, den man mit einer Gabel, Zinken nach unten, schräg stellt.*

Es sei nicht verschwiegen, daß den französischen Köchen vierhundert Jahre später eine kleine Revanche gelang, die allerdings weniger Spuren hinterließ als die italienische Kultur der Renaissance. Im ganzen 19. Jahrhundert gab es in Florenz kein einziges offizielles Bankett ohne französische Menükarte, französische Speisen, Weine und Spirituosen. Das ist erstaunlich, wenn man bedenkt, daß Florenz zwar sein europäisches Primat verloren hatte, aber noch immer eine bedeutende Kunstmetropole und von 1865–1871 die erste Hauptstadt Italiens war. Die extreme Assimilierung an Frankreich läßt sich nur zum Teil damit erklären, daß französische Lebensart und Gastronomie damals in ganz Europa tonangebend waren; mehr Einfluß hatte wahrscheinlich der Umstand, daß die Spitzen des geeinigten Italiens, König Vittorio Emanuele I. und sein Minister Cavour, besser französisch als italienisch sprachen. Ehrgeizige Köche fingen an, ihre Bücher französisch zu schreiben und auch Autoren, die bei ihrer Muttersprache blieben, schmückten ihre Werke mit Entdeckungen aus der *grande cuisine.* 1907 machte Vittorio Emanuele II. der Maskerade ein Ende mit dem Befehl, die Hofmenus auf italienisch zu verfassen. Die Mode verschwand wie sie gekommen war, was zeigt, daß sie nur eine kleine Elite betroffen hatte. Immerhin – ein paar Andenken sind geblieben: Saucen wie die *béchamel* und die *maionese* oder Süßigkeiten wie der rumgetränkte *babà* und die zarte *brioche* sind aus der italienischen Küche nicht mehr wegzudenken.

KOCHEN ALS ZEN-ÜBUNG

Ein Besuch bei Antonio Tabucchi

Die Idee kam von Tabucchi selber. Wir wollten eigentlich nur mit ihm über seine letzten Romane reden und ein paar Fragen stellen zur unübersehbar wichtigen Bedeutung, die das Essen in ihnen hat. Der Autor fand aber, man könne Reden und Essen verbinden und lud uns für den Samstag nach Vechiano ein, wo er aufgewachsen ist und seine Wochenenden verbringt. Die Woche über wohnt er mit seiner Frau in Florenz; beide haben einen Lehrstuhl für portugiesische Literatur, er in Siena, sie in Florenz.

Vechiano liegt in der Nähe von Pisa und Tabucchis Leser kennen die Topographie des Dorfs aus seinem Erstling *Piazza d'Italia*, einem bizarren toskanischen Anarchistenroman, der auch auf deutsch erschienen ist. Die Sümpfe der Umgebung, in denen früher Schilfrohr geschnitten wurde, sind allerdings längst trockengelegt, die Pappeln abgeholzt und die weite Ebene wird von vielen Straßen durchquert, die Florenz mit Pisa, Livorno und dem Meer verbinden. Verläßt man die Autobahn, atmet man jedoch Meerluft; das Klima ist hier milder als in Florenz und neben Tabucchis Haustür steht ein stattlicher Zitronenbaum mit leuchtend gelben Früchten, den der Großvater gepflanzt hat.

Tabucchi kocht für uns *Seppie inzimino*, ein Ragout aus Tintenfisch und Mangold, das typisch ist für die thyrrenische Toskana zwischen Viareggio und Grosseto. Ein Gericht, das einem kochenden Romancier reichlich Stoff

bietet für subtile Anmerkungen und kulturkritische Abschweifungen. Das Wort *zimino* bedeutet Sauce – in der Toskana kennt man auch den *baccalà* oder die *trippa in zimino* – und wird in den meisten Wörterbüchern von einem unbekannten arabischen Etymon abgeleitet. Für Tabucchi führt die Spur direkt in die weltoffene und gastfreundliche Hafenstadt Livorno; hier wurden im 16. Jahrhundert die aus Spanien und Portugal vertriebenen Juden und Mauren samt ihrer Kochtradition aufgenommen.
Für die Praxis verläßt sich der Schriftsteller auf Rita, die kluge und freundliche Haushälterin, die im Nachbarhaus wohnt und ihn schon als kleinen Jungen betreut hat. Die beiden polemisieren nach toskanischer Manier über fast alles; er wirft ihr vor, sie habe die Seele eines Carabiniere, fügt sich dann aber ihrer Entscheidung, die Polenta sei genug gekocht. Später zelebriert er seine anarchistische portugiesische Version des *Zimino*, indem er dem Gericht gehackten Koriander beifügt anstelle der vertrauten Petersilie.

SEPPIE INZIMINO
Tintenfische in scharfer Sauce

500 g Tintenfische
1 Zwiebel, 1 Karotte,
1 Selleriestange
4 Eßlöffel Olivenöl
300 g geschälte Tomaten
2 Knoblauchzehen, Salz
2 Peperoncini und evtl.
etwas gemahlener Peperoncino
1 Glas Rotwein
500 g Mangold oder Spinat
1 Sträußchen Petersilie

Man wiegt Zwiebel, Karotte und Sellerie so fein als möglich und dünstet alles in einer Bratpfanne, bis die Mischung gut angebräunt ist. Dann fügt man die geschälten Tomaten und den feingehackten Knoblauch bei und würzt mit dem Peperoncino. Man zerdrückt die Tomaten, läßt kurz aufkochen, löscht mit dem Rotwein ab, gibt die gesäuberten und in Streifen geschnittenen Tintenfische hinzu und kocht sie zehn Minuten auf kleinem Feuer. Nun fügt man den gewaschenen Mangold bei, wartet, bis die Blätter zusammengefallen sind und läßt alles zusammen mindestens eine Stunde kochen und vergißt nicht, ab und zu durchzurühren. Wenn nötig, würzt man mit Salz und gemahlenem Peperoncino nach. Die Seppie inzimino schmecken besser, wenn man sie eine Weile auf dem Herd stehen läßt, und kurz vor dem Anrichten nochmals aufwärmt.
Zu diesem billigen und volkstümlichen Gericht paßt am besten eine Polenta. Man kann die würzige und scharfe Sauce aber auch mit viel Brot auftunken.
P.S. Das Tintenfischragout schmeckt auch gut, wenn man dazu Tintenfischringe und Blattspinat aus der Tiefkühltruhe verwendet. Das hat den Vorteil, daß man die Zutaten jederzeit zu Hause vorrätig haben kann.

Tabucchi kocht gern, obwohl er sich als interessierten Laien bezeichnet. Manchmal kocht er bloß, um einen langen Nachmittag hinter sich zu bringen. Zum Beispiel eine toskanische *Ribollita*, die viel Zeit braucht. Die weißen Bohnen müssen gekocht, Gemüse und Kräuter fein gewiegt werden; das altbackene Brot schneidet man in mühsamer Arbeit in feine Scheibchen. Stunden vergehen. Man steckt sich eine Zigarette an, trinkt einen Schluck Wein, hört Musik, plaudert und dabei verflüchtigt sich die Melancholie. Eigentlich sei das Kochen eine Art Zen für jedermann.
Jedermann könne die Techniken dieses Zen lernen. Und am Ende stehe anstelle des Nichts eine Gemüsesuppe.

Beim Kaffee kommen wir zurück zu unserem Thema: zur Frage, warum das Motiv des Essens in seinen letzten drei Romanen so wichtig ist. Zuerst eine Klarstellung: Tabucchi gefällt unsere Frage nicht – sie insinuiere, daß er erst im Alter auf den Geschmack am Essen gekommen sei, vermutlich als Kompensation. Dem müsse er widersprechen. Er habe immer gern gegessen, schon als junger Mann. Diese Frage müsse man in einem größeren Zusammenhang sehen. Im Nebel der Jahrtausendwende und des New Age schwatze man heute viel von Seele und Spiritualität. Als Laizist, der nicht an die Transzendenz glaube, störe ihn das, obwohl er überzeugt sei, daß wir eine Seele haben. Nicht unbedingt eine christliche, katholische Seele, aber eine Art Essenz, die zu unserem Menschsein gehört und nicht aus Molekülen besteht. Verwandt vielleicht mit dem, was man auch als Unbewußtes bezeichne. Solange es diese Seele gebe, brauche sie eine Wohnung, ein Gefäß, eine Hülle. Ohne Körper wäre sie ausgesperrt, müßte unter den Brücken schlafen, wäre bedroht in ihrer Existenz. Am Ende dieses Jahrtausends, mitten im allgemeinen Seelen-Palaver, gelte sein Interesse dem Körper, der Wohnung unserer Seele, unserer Menschlichkeit. Diesen Körper müsse man verteidigen gegen die Übergriffe, denen er ausgesetzt sei, gegen Folter und Gewalt. Es gehe aber nicht nur um Verteidigung. Es sei auch wichtig, den Körper gut zu behandeln, zärtlich zu umwerben, zu hegen und zu pflegen wie eine Pflanze, einen Baum, eine Blume. Dazu gehöre die gute Ernährung mit wohlschmeckenden Speisen.

Die Nahrung – ein Symbol des Lebens. Wer aufhöre zu essen, höre auf zu leben. Eine banale, aber unwiderlegbare Tatsache. Darum seien die Phönizier, die Griechen, die Etrusker und die Römer dem Tod mit Speise und Trank entgegengetreten, mit Gaben für die Toten und einem Leichenschmaus für die Lebenden. Zum Zeichen, daß das Leben weiter gehe. Als er 1990 das *Requiem* schrieb, habe er sich von diesem mediterranen Totenkult leiten lassen, ohne sich darüber Rechenschaft zu geben. Weil das *Requiem* ein Buch über den Tod sei, habe sich das Essen als Antithese, als Gegenpol aufgedrängt. Er sei mit seinen toten Freunden essen gegangen und habe entdeckt, daß in der Intensität dieser materiellen Kommunikation die psychologischen Probleme an Gewicht verloren.

Im *Requiem* wird das Rezept des portugiesischen *Sarabulho*, eines üppigen ländlichen Gerichtes aus Schweinefleisch und Innereien, genau beschrieben. Es ist eine Art Schlüssel zu diesem Buch und wird mit einem Satz kommentiert, an den sich Tabucchi gern erinnern läßt: »Ich habe das Stoffliche dem Imaginären immer vorgezogen, oder besser gesagt, ich habe das Imaginäre immer gern mit Stofflichem belebt.« Das Zitat inspiriert ihn zu einem Exkurs über die mystische Literatur. Er sehe eine sehr enge Beziehung zwischen der dichterischen Phantasie und dem Essen. Die Askese, das Fasten führten zu einem Delirium, in dem die Einbildungskraft keinen Platz habe. Ein Delirium, dessen medizinische Kurve ganz flach verlaufe. Ein paar Spitzen von großer Intensität finde man nur bei Santa Teresa und, weniger ausgeprägt, bei Santa Caterina. Sonst sei die Literatur der Fastenden ziemlich platt und langweilig. Die Körperlosigkeit dieser Literatur spiegle sich auch in der bildenden Kunst. Ohne respektlos zu sein, müsse

man doch sehen, daß der Körper von Christus extrem mager sei; beim Gekreuzigten könne man die Rippen zählen. In anderen Religionen gebe es runde Körperformen, ein anderes anthropologisches Modell, zum Beispiel Buddha. Er selber sei nicht dick, doch habe er wie jeder Mensch ein phantastisches Bild von sich selbst und sei in seiner eigenen Vorstellung dick. Die Magerkeit gefalle ihm nicht; sie sei ein Gemeinplatz, eine Mode unserer Zeit.

Essen sei schließlich auch eine Möglichkeit, die Welt zu verstehen. Essen bedeute Berühren, Spüren, Begreifen. Es bedeute Anteilnahme am Leben, an der Wirklichkeit. Nicht Abwendung und Flucht wie das Fasten der Anachoreten und Säulenheiligen.

Zum Schluß reden wir noch ein wenig über die Kutteln, Tabucchi ist ein Liebhaber aller Innereien. Nicht nur weil sie ihn an die einfache Küche seiner Nachkriegs-Kindheit erinnern. Sie gehören zur archaischen Kultur des Mittelmeerraums und lassen sich nicht hyperkorrekt und steril zubereiten. Zum Glück enthalten sie fast immer ein paar Bakterien.

DIE WAHRHEIT DES FLEISCHES

Die einfachen Geheimnisse des Metzgers von Panzano

Den Namen Cecchini habe ich zum ersten Mal bei Marianne gehört. Wir saßen zusammen mit Leonardo in der großen schönen Wohnküche.
Aus dem wuchernden Grün der Balkonpflanzen schlichen manchmal die Katzen herbei und sprangen auf die Konsole, um aus einem graublauen syrischen Krug Wasser zu trinken. Es war ein heißer Sommerabend, an dem man nichts lieber gegessen hätte als das rosmarinduftende Roastbeef und die zarten grünen Bohnen, die auf dem Tisch standen. Das aromatische Fleisch verdankten wir Dario Cecchini, Metzger in Panzano, der Marianne das Geheimnis des echten toskanischen Roastbeefs anvertraut hat. Ein einfaches Geheimnis, in dem sich der Geist der toskanischen Kochkunst ausdrückt.

ROASTBEEF NACH TOSKANISCHER ART

1 kg gut gelagertes Roastbeef
1–2 dl Olivenöl, 2 Knoblauchzehen
Rosmarin und Salbei im Verhältnis 2:1
Salz und Pfeffer

Man legt das Roastbeef in eine Braten- oder Gratinform und schiebt es in den Backofen, der 15 Minuten auf der höchsten Temperatur vorgeheizt wurde (250–280°). Nach 15 Minuten stellt man den Ofen ab und läßt das Fleisch noch 15 Minuten nachziehen. (Um sicher zu gehen, kann man auch ein Fleischthermometer verwenden, das man vor dem Braten ins Fleisch steckt. Sobald die Kerntemperatur sich 50° nähert, stellt man den Ofen ab.) Unterdessen hackt man Rosmarin, Salbei und den geschälten Knoblauch so fein als möglich mit dem Messer und vermischt alles zusammen mit dem Olivenöl zu einer Creme, die man mit Salz und Pfeffer würzt. Man bestreicht das Roastbeef mit dieser Creme, bedeckt es mit Alufolie und läßt es bei Zimmertemperatur 6–8 Stunden stehen.

Nach meiner Rückkehr habe ich mit viel Mut dieses elementare Bratenrezept zuhause ausprobiert, obwohl mir mein Metzger dazu riet, das Roastbeef zuerst auf dem Herd im Öl rundum scharf anzubraten und erst dann für 20–30 Minuten in den Ofen zu schieben. Auch die klassischen französischen und deutschen Kochbücher, die ich konsultierte, propagieren Ähnliches. Die toskanische Methode hat sich aber glanzvoll bewährt: die heiße Luft im Backofen genügt, um die Poren des Fleischs zu schließen, und die archaische Zubereitung ohne Öl und Gewürze gibt diesem Roastbeef den intensiven Geschmack, der durch die Behandlung mit Kräuteröl harmonisch ergänzt wird.
Das Roastbeef wird übrigens in der Toskana als einheimische Spezialität empfunden, und wer in Florenz nicht nur Touristenlokale oder den Pizza-Strich zwischen der Piazza della Signoria und dem Dom kennt, weiß, daß viele Traditionslokale das ganze Jahr hindurch Roastbeef auf der Karte haben. Es handelt sich dabei wohl um ein Geschenk der englischen Reisenden, Maler, Archäologen, Kunsthistoriker und Schriftsteller, die lange vor den Deutschen, den Schweizern und den Dänen in der Toskana ihre Wahlheimat entdeckten und bis heute in Akademien, Archiven und Bibliotheken einen wichtigen Beitrag zur italienischen Kulturgeschichte leisten.

Ein paar Tage später haben wir Dario Cecchini in Panzano besucht, das eine Autostunde südlich von Florenz in den Hügeln des Chiantigebietes liegt. Einen schöneren Metzgerladen habe ich nie gesehen: Über dem Eingang eine Marmortafel, auf der in roten Lettern *Antica macelleria Cecchini* eingemeißelt ist, auch im Innern gibt es viel Marmor, an den Wänden und von der Decke hängen gewaltige Schinken, riesige Speckseiten, dicke festgeschnürte Salami, Knoblauchkränze und feuerrote Peperoncinizöpfe, daneben Regale mit seltenen und alten Kochbüchern, ein ausrangiertes Sofa zum Ausruhen und die Luft ist erfüllt von den Klängen klassischer Opern, die Dario Cecchini zur Arbeit braucht. Er steht hinter der großen Theke und präpariert Braten mit Pecorino und Schweinskopfsülze, würzt Lammwürste mit Thymian und schneidet mit der Präzision eines Chirurgen aus einem Rinderrücken Bistecche fiorentine. Und findet daneben Zeit, den Kunden aus dem Dorf oder der Umgebung ein Glas Wein einzuschenken, ein paar Scheiben Finocchiona (Fenchelwurst) aufzuschneiden, den Frauen Ratschläge zu geben und am Telefon Bestellungen entgegenzunehmen. Wenn ein Amerikaner am Draht ist, reicht er den Hörer einem Kun-

den, der englisch spricht. Marianne ist mit dieser Hilfeleistung offenbar vertraut: Sie unterhält sich liebenswürdig mit einer Dame aus Florida, der Cecchinis eingemachte Schweinsleber ausgegangen ist, und wenig später trifft die Bestellung per Fax ein.

Die Schweinsleber im Netz, die der toskanische Metzger mit anderen Delikatessen in einem Kühlpaket nach Florida schicken wird, ist eines der ältesten Fleischrezepte der abendländischen Küche: Sie figuriert schon im lateinischen Kochbuch des Apicius aus dem 1. Jh. n. Chr. und ist noch heute in Europa fast überall bekannt, wo man gebratene Schweineleber schätzt, also von Rom bis Triest, von München bis Zürich, von Lyon bis Wien. In Florenz gehört sie dank einer raffiniert einfachen und delikaten Zubereitung zu den Glanzpunkten der regionalen Küche.

FEGATELLI DI MAIALE ALLA TOSCANA

Gebratene Schweinsleber im Netz

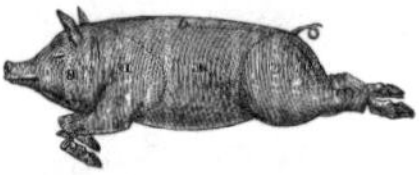

600 g Leber von einem jungen Schwein
400 g frisches oder aufgetautes Schweinsnetz
Salz und Pfeffer
1 Prise gemahlener Peperoncino
Fenchelsamen oder Blütenpollen des wilden Fenchels (der nur während einer einzigen Woche im Jahr gesammelt werden kann)
getrocknete und zerriebene Lorbeerblätter
Olivenöl

Das Schweinsnetz, das man um die Leberstücke wickelt, besteht aus einem netzartigen Fettgewebe, das sich beim Garen langsam auflöst, so daß das Fleisch nicht austrocknen kann und die Leber unvergleichlich zart und aromatisch schmeckt. Bei uns kann man es beim Metzger bestellen. Man gibt es 5–10 Minuten in lauwarmes Wasser, damit es weich wird, und breitet es dann zum Trocknen auf einem sauberen Küchentuch aus. Man schneidet die Leber in 1–2 cm dicke Scheiben und bestreut sie mit den Gewürzen, die man eine Stunde einwirken läßt. Nun schneidet man das Netz in Vierecke, mit denen man die einzelnen Leberstücke einhüllt und mit einem Zahnstocher fixiert (zum schlichten Raffinement der ländlichen toskanischen Küche gehört es, daß man sich zu diesem Zweck Zweiglein von Lorbeer oder von wildem Fenchel, der am Straßenrand wächst, zurechtschneidet). Man brät die Leberpakete im Olivenöl auf sehr kleinem Feuer ringsum braun und läßt sie dann zugedeckt etwa 10 Minuten stehen. Die Leber soll immer noch leicht rosa sein.

Diese *Fegatelli* schmecken gut zu einer *Polenta;* man kann sie aber auch in Öl einlegen und mehrere Wochen aufbewahren; ihr Geschmack wird dabei immer feiner, so daß Cecchini sie mit berechtigtem Stolz als »il nostro foie gras« bezeichnet.
Manchmal werden die *Fegatelli* auch an Spießchen von Metall, Lorbeerzweigen oder harten, dürren Fenchelstengeln aufgereiht, abwechslungsweise mit einem Lorbeerblatt und einer kleinen Brotscheibe, welche die Bratflüssigkeit aufnimmt. Man brät sie auf dem Holzkohlegrill, im Backofen oder auf dem Herd in heißem Öl.
Das ist – zugegeben – kein Blitzrezept; macht aber nicht mehr Mühe als manche modische Pâtés und Mousses, kostet fast nichts und kann kaum mißraten.

Dario Cecchini ist nicht nur ein Meister seines Fachs, sondern auch ein großer Rhetoriker, der während der Arbeit über sein Handwerk spricht und im reinsten Toskanisch Erinnerungen, Erfahrungen, Episoden und Exkurse aneinanderreiht. Schon sein Vater und sein Großvater

waren Metzger; er sagt mit Stolz: »Wir kennen die Wahrheit des Fleischs.« Er sagt auch: »Wenn ich eine Bistecca fiorentina oder ein Spanferkel präpariere, kann ich keinen Fehler machen, auch nicht wenn ich die Augen schließe; in meinen Armen ist die Erfahrung von drei Generationen. Wenn er von den Messern redet, leuchten seine Augen. Er kauft sie bei einer Schweizer Fabrik, die seit einem Jahr keine Klingen von 36 cm Länge mehr herstellt. Da hat er gleich fünf von dieser Größe gekauft, ein Vorrat, der nach seiner Berechnung reichen wird, bis er achtzig ist. Dann wird man weiter sehen. Gern erzählt er auch von den Schwertern im Waffensaal des Topkapi-Palastes in Istanbul. Mindestens zwei Meter lang sind sie. »Und die Türken erzählen dir, daß ihre groß gewachsenen Krieger diese Waffen so leicht geführt haben wie ein Metzger sein Tranchiermesser. Das war ihre Kunst in einer primitiven Welt.«
Manchmal wird Cecchini auch ein bißchen pathetisch. Vor allem, wenn es um das Fleisch der Chianina-Rinder geht. Doch bleibt er genau trotz der Begeisterung. Eine richtige Bistecca fiorentina wird 8 cm dick geschnitten; sie besteht aus Entrecôte (Zwischenrippe) mit Filet und Knochen. Er balanciert sie in der linken Hand; obwohl sie das ideale Fiorentina-Gewicht von 1 Kilo und 600 Gramm hat. Ein Kleinod! Ein besseres Fleisch zum Grillen gibt es auf der ganzen Welt nicht. Charolais, Limousin und Angus mit ihrer Fettmarmorierung geben vorzügliche Braten; auf dem Grill taugen sie nichts, weil ihr Fett sich in der kurzen Bratzeit nicht verflüssigen kann. Bei der Fiorentina ist das Fett außen; im Innern gibt es nur Spuren davon. Darum schmeckt das Fleisch schon roh wunderbar. Cecchini schneidet uns dünne Scheiben ab zum Probieren. Ohne Salz, ohne Gewürz schmilzt das Fleisch auf der Zunge, ist unglaublich aromatisch. Cecchini fügt hinzu: »Es ist nicht nur aromatisch, es ist vor allem ganz rein, ganz sauber, wie ein guter Chianti, ganz ohne Nachge-

schmack. Der Gaumen bleibt sauber. Darum wird es ungewürzt auf den Grill gelegt und nach fünf Minuten ohne Gabel gewendet. Nochmals fünf Minuten über der Holzkohlenglut. Das ist alles. Nun kann man sparsam salzen und mit schwarzem Pfeffer aus der Mühle bestreuen. Manche träufeln auch etwas Olivenöl darüber. Ich finde das überflüssig: Das Fleisch muß nach Fleisch schmecken.« Das Fleisch braucht weder Vorspeise noch Beilage. Nur das salzlose krustige Landbrot der Toskana. Und ein Glas Chianti. Cecchini ist aber nicht nur ein Prophet des reinen Fleischgenusses, das bezeugt die unwahrscheinlich grüne Pastete, die seine Lebensgefährtin Laura soeben auf einer Platte hereingebracht hat. Es ist die berühmte *Terrina rinascimentale*, die Dario in seinen mehr oder weniger zuverlässigen Quellen zur Gastronomie am Hof der Medici entdeckt und so lange abgeändert und vervollkommnet hat, bis das Meisterwerk entstand, das wir jetzt versuchen dürfen. Das Rezept ist natürlich streng geheim; Cecchini ist wie fast alle toskanischen Köche nicht bereit, Rezepte weiterzugeben, und wenn er eines gibt, so ist es fast immer bewußt entstellt. Ich weiß aus eigener schmerzlicher Erfahrung, daß man den Angaben der guten Köche in der Toskana nicht trauen darf; der Größte unter ihnen hat mir in einem Augenblick der Offenheit gesagt: »Butta il libro!« (Wirf das

Buch weg!), was sich auf ein von ihm autorisiertes Kochbuch bezog. Im Gespräch über die Renaissance-Terrine erfahren wir immerhin, daß ihre wichtigsten Zutaten gehacktes Schweinefleisch, frische grüne Mangoldblätter und entsteinte getrocknete Zwetschgen sind.

Es gibt in Cecchinis Schlaraffenladen noch andere raffinierte Hackfleischgerichte, wie z. B. eine Entenpastete mit Pistazien, eine Wildschweinpastete mit Vinsanto, eine Perlhuhnterrine, die mit Myrte gewürzt ist und eine Fasanenmousse mit Nüssen. Daneben fehlen aber auch die Hackfleischspezialitäten der Alltagsküche nicht, in denen sich die Phantasie der einfachen Leute von Provinz zu Provinz besonders vielfältig ausdrückt.

Zu den Klassikern der toskanischen Küche gehören die Hackfleischbällchen mit Ricotta; das nachstehende Rezept wurde von Cecchini inspiriert und am eigenen Kochherd ausprobiert, bis es allen gut schmeckte.

POLPETTINE DI RICOTTA
Hackfleischbällchen mit Ricotta

300 g fein gehacktes Kalbfleisch
300 g Ricotta, 1 Ei
50 g geriebener Parmesan
Salz, Pfeffer
geriebene Muskatnuß
Mehl, Olivenöl

Man vermischt das gehackte Kalbfleisch gut mit der Ricotta, dem Ei und dem Parmesan und würzt mit Muskatnuß, Salz und Pfeffer. Dann knetet man die Masse mit den Händen gut durch und formt aus ihr kleine Kugeln, die man bemehlt im heißen Olivenöl knusprig brät.

Am besten schmecken diese Polpettine zusammen mit einer ein-

fachen Tomatensauce aus Tomaten, Knoblauch, Olivenöl und ein paar Basilikumblättern. Sie schmecken auch kalt wunderbar und sind dank der Ricotta von viel zarterer Konsistenz als deutsche Frikadellen.

Diese *Polpette* sind, wie Cecchini erzählt, eigentlich die Luxusversion eines einfacheren Hackfleischgerichts, das in der toskanischen Küche einst sehr beliebt und verbreitet war. Es besteht aus Resten von Siedfleisch oder Braten, die mit gekochten Kartoffeln und eingeweichtem Brot gestreckt werden. Man findet diese *Polpette* noch heute auf den Speisekarten traditionsbewußter Trattorien. Sie schmecken heiß und kalt gleich gut.

POLPETTE FIORENTINE

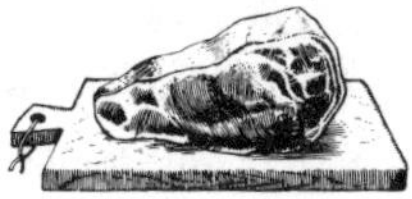

300 g Braten - oder Siedfleischreste
oder
Hackfleisch vom Rind
2 mittelgroße gekochte Kartoffeln
1 Brötchen ohne Rinde
1 Knoblauchzehe
1 Eßlöffel feingehackte Petersilie
2 Eier, 30 g geriebener Parmesan
Salz, Muskat, Paniermehl, Olivenöl

Man hackt die Fleischreste von Hand oder mit einem Küchengerät und vermischt sie mit den (durchgepreßten) Kartoffeln, dem in Wasser eingeweichten und ausgedrückten Brot, der feingewiegten Knoblauchzehe, der Petersilie, den Eiern, dem Parmesan, Salz und Muskat zu einem glatten Fleischteig. Man formt ihn von Hand zu acht kleinen runden Plätzchen, die man im Paniermehl wendet und im heißen Olivenöl auf beiden Seiten langsam goldbraun brät.

Manchmal würzt Cecchini sein Lob der Metzgerkunst auch mit antiklerikalen Pointen. Er erzählt von den Schikanen der bischöflichen Kurie, welche die Metzger im 16. Jahrhundert vom Ponte Vecchio verjagte und ihre Läden den Goldschmieden zuwies. Später wurde dem Nachwuchs der Zunft sogar der Zugang zum Priesteramt verboten. Bis in die dritte Generation. Im Gegenzug haben dann aber die Metzger angefangen, ihre Verkaufslokale so prächtig wie Kirchen einzurichten: Für den zentralen Teil ihrer Tresen verwendeten sie den gleichen Carrara-Marmor, aus dem die Porta Santa des Vatikan gefertigt war – was natürlich streng verboten war. Der Dualismus zwischen frömmlerischen Büßern und lebensfreudigen Genießern geht durch die ganze Geschichte... Das Einzige, was Dario dabei ärgert, ist, daß der größte Dichter Italiens die Fresser in den dritten Höllenkreis verbannt hat. Er tröstet sich mit der nicht ganz schlüssigen Überlegung, daß Dante dafür jetzt in Ravenna ruhe, während die Fresser in Florenz geblieben seien.

Und zum Schluß wird er philosophisch und zitiert Spruchweisheiten. Wenn wir gut leben, ist der Tod sanfter. Bei Tisch altert man nicht. Eine Stunde mit Freunden bei Tisch ist ein gewonnenes Jahr. Und schließlich: Carpe diem.

KOCHEN ALS ALCHIMIE

Über die Freiheiten eines florentiner Kochs

Übers Kochen habe ich bei niemandem soviel gelernt wie bei Fabio Picchi. Eigentlich wollte ich beim Patron des berühmten Ristorante Cibrèo in Florenz vor allem erfahren, ob es überhaupt noch eine toskanische Küche gibt. Im Gespräch mit ihm habe ich aber bald gemerkt, daß das keine relevante Frage ist, weil ein guter Koch heutzutage gar nicht mehr anders kann, als über die Grenzen seiner Provinz hinaus zu blicken. Was nicht heißt, daß er dem Ort seiner Herkunft nicht verbunden bleibt, wie Fabio Picchi seiner Vaterstadt Florenz. Etiketten, welche die Freiheit des Kochs beschränken, sind ihm aber ein Horror: Die Nouvelle cuisine bezeichnet er als ein Gespenst, das in den sechziger Jahren in Europa umging; die rustikale und die grüne Küche langweilen ihn: er gräbt keine alten Rezepte aus, und das Aktualisieren von Renaissance-Banketten hält er für Schmock.

Am ersten Morgen, an dem ich ihn in seiner Küche besuche, hat er sein Lieblingsgericht zubereitet: einen Auberginenauflauf, der *Parmigiana di melanzane* (oder *Melanzane alla parmigiana*) heißt und vermutlich aus Neapel stammt. Dabei bezieht sich Parmigiana nur auf den geriebenen Parmesan, mit dem er am Ende bestreut wird.

Dieser Auflauf ist, wie er sagt, seine Jugendliebe, er hat ihn als Siebenjähriger zum ersten Mal gekocht und liebt ihn noch heute so leidenschaftlich, daß er ihm sogar schmeckt, wenn er miserabel zubereitet wurde. Die *Parmigiana* ist für ihn der Inbegriff der alchimistischen Kochkunst Italiens, weil in diesem Gericht die verschiedensten Zutaten wie gebratene Auberginenscheiben, Basilikum, Knoblauch, Pfeffer, Oregano, Peperoncino, Mozzarella, Tomatensauce und geriebener Parmesan in der Hitze des Backofens zu einer fabelhaft reichen, neuen Einheit verschmelzen. Auf seinen Grabstein wünscht er die Inschrift: »Fabio Picchi – devoto alla parmigiana di melanzane (Fabio Picchi – Ergebener des Auberginenauflaufs)«.

Wenn im Cibrèo *Parmigiana di melanzane* auf dem Speisezettel steht, ist Fabio Picchi immer selbst am Werk. Sein Lieblingsgericht überläßt er keinem anderen Koch. Obwohl er die Meinung vertritt, daß dieses Gericht vom Koch fast nichts verlangt. Alles liegt an der Qualität der Zutaten. Und das eigentliche Geheimnis der *Parmigiana* ist für ihn das Basilikum, sehr viel Basilikum, *una pioggia di basilico*, ein Regen von Basilikum. Wichtig ist auch, daß man die Auberginen nicht schält und sie nicht mit Salz bestreut, um ihnen die Bitterkeit zu entziehen. Wenn eine Aubergine bitter ist, umso besser, das ist eine Nuance, die das Aroma des Ganzen bereichert.

PARMIGIANA DI MELANZANE

Auberginenauflauf

3–4 mittlere Auberginen
Olivenöl
wenig Oregano
1 mittlere Dose gehackte oder geschälte Tomaten
1–2 Knoblauchzehen
reichlich Basilikumblätter
300 g Mozzarella (di bufala), in Würfelchen geschnitten
2–3 Prisen gemahlener Peperoncino
30 g frisch geriebener Parmesan

Man schneidet die Auberginen der Länge nach in dünne Scheiben, die man im heißen Olivenöl auf beiden Seiten goldbraun anbrät und dann auf Küchenpapier abtropfen läßt. Die Tomaten läßt man in einem Sieb abtropfen, zerdrückt sie mit einer Gabel und würzt sie mit Salz, Pfeffer und Knoblauchsaft. Man bedeckt den Boden einer geölten Gratinform mit einer Schicht Auberginen, gibt die Hälfte der Tomaten darüber, bestreut mit Oregano und Peperoncino und viel grob zerzupftem Basilikum. Dann kommt eine Schicht Mozzarellawürfelchen, Salz und Pfeffer, nochmals Basilikumblätter und dann von neuem Auberginen, Oregano und Peperoncino, Mozzarella und zum Abschluß Tomaten und eine dünne Schicht geriebener Parmesan. Man läßt die Gratinform 1–2 Stunden bei Zimmertemperatur stehen, damit sich die verschiedenen Schichten miteinander befreunden können. Erst dann gibt man den Auflauf für zwanzig Minuten in den auf 170° vorgeheizten Ofen. Vor dem Essen läßt man ihn ein wenig abkühlen.
P.S. Das Braten der Auberginen ist ziemlich aufwendig. Man kann die Prozedur abkürzen, indem man sie im Backofen grilliert. Bei diesem Verfahren braucht man auch weniger Öl, was für Kalorien-Zähler ein Vorteil ist, für Feinschmecker dagegen ein kleiner Nachteil, weil die im Öl gebratenen Auberginen einen intensiveren Geschmack entwickeln.

Der Auberginenauflauf ist eine Hauptspeise oder eine ganze Mahlzeit, die warm so gut wie lauwarm schmeckt und frisch zubereitet so gut wie am nächsten Tag. Wer ihn einmal gekocht hat, wird ihn immer wieder kochen. Auch wenn die *Parmigiana di melanzane* keine toskanische Spezialität ist, so findet man doch ihre Zutaten genauso frisch und gut in Florenz wie in Neapel, und was könnte also einen Koch wie Fabio Picchi daran hindern, ihr in seiner toskanischen Küche einen Ehrenplatz zu geben? Schließlich hat er den Reichtum der regionalen Kochtraditionen schon als Kind erlebt, obschon beide Elternteile aus Florenz stammen. In seiner Familie wurde gut gekocht, gut gegessen und viel übers Essen geredet. Sein Vater hat alles, was er verdiente, fürs Essen ausgegeben. Er wußte, wo man das beste Fleisch, den frischesten Fisch, das feinste Gemüse kaufte, und da er mit seiner Familie jede Woche einmal im Restaurant speiste, kannte er auch alle guten Lokale in und um Florenz. Im November 1966, nach der großen Flutkatastrophe, schickte er seinen elfjährigen Sohn zu einem gleichgesinnten Freund nach Turin, wo Fabio seinen kulinarischen Horizont erweiterte. Er erinnert sich gern an die zwei Monate, in denen er den Reichtum der piemontesischen Küche kennenlernte und sehr jung in die Kunst des Weintrinkens eingeführt wurde. Daß er Koch geworden ist, hat sicher etwas zu tun mit diesen prägenden Jugenderfahrungen. Er sagt, sein familiärer Background sei die Toskana, was ihn nicht daran hindere, von einer türkischen oder kanadischen Köchin, von einem amerikanischen oder libanesischen Koch zu lernen. Eines der beliebtesten Gerichte des Cibrèo sei Lammhirn mit Butter, eine türkische Spezialität.

Daß dennoch hinter den Herrlichkeiten aus aller Welt die Küche der toskanischen Mütter, Schwiegermütter, Großmütter und Tanten nicht verblaßt, zeigt sich, wenn Fabio Picchi von einem Gericht zu reden beginnt, das in keinem Kochbuch der Toskana vorkommt, obwohl es jeder Mamma bekannt ist. *Die Minestrina acqua e burro* (Wasser- und Butter-Süppchen) spendet Trost und Sättigung, wenn man abends spät nach Hause kommt, keine Zeit hatte einzukaufen und doch gern eine leichte warme Speise essen möchte. Man kocht zerbrochene Spaghetti oder Suppenteigwaren in Salzwasser, fügt ein wenig Butter und geriebenen Parmesan bei und würzt mit Pfeffer aus der Mühle. Und fühlt sich nachher viel besser als wenn man einen Hamburger verdrückt oder einen Whisky gekippt hätte.

Kein Wunder, daß das Cibrèo für seine köstlichen und pikanten Suppen berühmt ist, die Fabio Picchi aus dem Geist der toskanischen Küche kreiert hat. Eine Suppe, die nur ganz selten im Angebot des Restaurants fehlt, heißt *Passato di peperoni gialli.* Sie ist ein Glanzlicht, das einem weder leid wird noch mißraten kann.

PASSATO DI PEPERONI GIALLI
Gelbe Peperonisuppe

1 kleine Zwiebel
1 kleine Karotte
1 Stück Stangensellerie (10 cm)
Olivenöl
Salz
2 reife gelbe Peperoni, die keine grünen Stellen haben
2 mittelgroße Kartoffeln
Fleischbrühe oder Wasser
1 Lorbeerblatt
1 Prise gemahlener Peperoncino
3–4 Löffel Sahne

Mit dem Wiegemesser und viel Geduld hackt man Zwiebel, Sellerie und Karotte so fein als möglich und dünstet dann die Mischung in heißem Olivenöl bis sie goldbraun ist, was fast zehn Minuten dauert. Dann gibt man die entkernten und in Stücke geschnittenen Peperoni und die geschälten und gewürfelten Kartoffeln, Peperoncino und Lorbeerblatt dazu und fügt Fleischbrühe oder Wasser bei, bis das Gemüse bedeckt ist. Man läßt 20–25 Minuten köcheln und püriert dann die Suppe mit dem Stabmixer oder, was besser aber mühsamer ist, durch ein Sieb. Am Schluß fügt man die Sahne bei, die der Suppe den letzten Schliff gibt. Man hält die Suppe warm, läßt sie aber nicht mehr kochen, da sich sonst ihr Geschmack und ihre Farbe ver-

ändern. Vor dem Anrichten entfernt man das Lorbeerblatt, salzt wenn nötig nach und serviert mit geriebenem Parmesan.

Das Gemisch von Zwiebel, Karotte und Sellerie, das am Anfang der Peperonisuppe steht, heißt in der italienischen Kochsprache *soffritto.* Es ist, wie Picchi erklärt, die Grundlage der alchimistischen Küche Italiens und die Basis jeder Suppe, fast jeder Pastasauce und vieler Gemüse- und Fleischgerichte. Zu 70 % besteht es aus Zwiebeln und zu je 15 % aus Karotten und Sellerie; manche Rezepte sehen auch Knoblauch und Speck vor. Wer nicht imstande ist, ein *soffritto* gleichmäßig fein zu schneiden und sorgfältig zu dünsten, dem fehlt die wichtigste Voraussetzung für die italienische Küche. Elektrische Schneidegeräte kann man vergessen; im Cibrèo werden noch heute Berge von Zwiebeln mit langen blitzenden Küchenmessern geschnitten, weil es keine Küchenmaschine gibt, welche die Zwiebeln nicht zerquetscht.

Von der Zubereitung des *soffritto* hängt auch der mehr oder weniger kräftige Geschmack eines Gerichts ab: Bei der Peperonisuppe mit ihrem ausgeprägten Aroma sollte man sich beim Dünsten mit einer goldenen Farbe begnügen, während beim *Sugo alla bolognese* nur ein kräftiges Aroma erreicht wird, wenn man das Hackfleisch erst kurz vor dem Anbrennen des *soffritto* beifügt; Picchis Mutter pflegte zu sagen, man müsse das Fleisch in der Hand bereit halten, um den rechten Moment nicht zu verpassen. Für das nachfolgende Rezept der Kürbissuppe schreibt der Chef des Cibrèo ein *soffritto* vor, dessen Farbton zwischen Gold und Bronze liegt.

PASSATO DI ZUCCA CON AMARETTI
Kürbissuppe mit Amaretti

1 Karotte
1 Stück Stangensellerie
1 Zwiebel
Salz, Pfeffer
1 Prise gemahlener Peperoncino
2 geschälte Tomaten
1 l Fleischbrühe
400 g Kürbis
200 g Kartoffeln
geriebene Muskatnuß
50 g geriebener Parmesan
Olivenöl
2–3 trockene Amaretti

Man schneidet Karotte, Sellerie und Zwiebel mit einem scharfen Messer so fein als möglich und dünstet alles in heißem Olivenöl bei mäßiger Hitze, bis das Soffritto die gewünschte Farbe hat. Dann löscht man mit den geschälten Tomaten ab, gibt Kürbis und Kartoffeln, beides in Würfel geschnitten, bei und gießt mit kochendem Wasser oder Fleischbrühe auf. Man salzt und läßt köcheln, bis das Gemüse weich ist, was ungefähr 20 Minuten dauert. Dann streicht man die Suppe durch ein Sieb oder püriert sie mit dem Stabmixer. Man würzt sie mit Muskatnuß und Peperoncino und erhitzt sie nochmals. Vor dem Servieren vermischt man sie mit dem geriebenen Parmesan. Man verteilt die Suppe in die Teller, bestreut sie mit den zerbröselten Amaretti und träufelt ein wenig Öl darüber.

Beim Dosieren des gemahlenen Peperoncinos ist Vorsicht geboten, vor allem wenn die Schötchen von guter Qualität, das heißt frisch gemahlen sind. Eine zu große Prise kann die Suppe so teuflisch scharf machen, daß man sie unter Tränen löffeln muß. Picchi erzählt, daß die reine Schärfe der roten Pfefferschötchen in der Toskana fast so beliebt ist wie in Süditalien. Italien zerfällt demnach in zwei große Pfefferzonen: Im Norden bevorzugt man den schwarzen Pfeffer, in Mittel- und Süditalien rote Chili oder Peperoncino. Dafür gibt es historische Gründe. In der mittelalterlichen Küche Europas gab der teure Pfeffer, neben anderen Gewürzen wie Ingwer, Zimt, Muskatnüssen, Gewürznelken, Kardamom und Koriander den Ton an. Als Kolumbus 1492 auf Haiti die scharfen roten Schötchen kennenlernte, die vielen Speisen beigefügt wurden, hielt er sie für Pfeffer *(Piper nigrum)*, weil er sich im gewürzreichen Indien wähnte. In seinem Bordbuch heißt es am 2. Januar 1493, daß »...ihr Pfeffer von besserer Qualität als der unsere in jedem Gericht vorkommt, da man ihn für gesundheitsfördernd hält«. Die Verwechslung erwies sich als kulinarischer Glücksfall: Der Strauch mit dem botanischen Namen *Capsicum frutescens* gedieh im Mittelmeerklima sehr gut und erwies sich als vortreffliche Alternative zum teuren Pfeffer aus Südindien. So wurde der getrocknete und zerstoßene Peperoncino, der fast jedem Gericht Würze und Schärfe verleiht, im Süden zur Droge der armen Leute, während die Hofköche Norditaliens beim schwarzen Pfeffer blieben. In der Toskana nannte man den neuen roten Pfeffer *zenzero* – Ingwer – dieser elegante Deckname für

ein billiges Gewürz wurde erst in den letzten zwanzig Jahren vom süditalienischen *Peperoncino* abgelöst.
Das Ristorante Cibrèo bezieht den roten Pfeffer nicht aus dem Handel, sondern von Fabio Picchis Vater. Wir haben ihn besucht in seiner Peperoncino-Plantage auf der Dachterrasse eines vielstöckigen Mehrfamilienhauses, von welcher der Blick weit über die Stadt und die umgebenden Hügel schweift. Die Terrasse ist ein grünes Meer von Peperoncino-Sträuchern in großen Tontöpfen, die hier von Vater Picchi aus sorgfältig erlesenem Samen gezogen, gewässert, gehegt und gepflegt werden. Aus Liebe zu seinem Sohn sei er Gärtner geworden, erklärt er und murrt ein wenig über die Verrücktheit dieses arbeitsintensiven Hobbys. Er weist auf die flachen Körbe, in denen die reifen Pfefferschötchen an der Sonne trocknen. Er mahlt sie in einer kleinen elektrischen Mühle, die er mindestens dreißigmal leeren muß, bis das Halbliterglas voll ist, das man im Restaurant jede Woche braucht.
Der Sohn legt Wert auf das Aroma und die Schärfe des frischgemahlenen Peperoncino.
Der alte Picchi weiß auch viel über die Heilkraft der brennenden Droge zu berichten: Sie wirkt gegen Husten, Schnupfen, Fieber, Arthrose, Seekrankheit und Hämorrhoiden; sie regt den Stoffwechsel an, stimuliert das Wohlbefinden, läßt Depressionen abklingen. Und der Sohn beobachtet gern seine Gäste beim Essen von scharfgewürzten Speisen und hält dafür, daß rote Pfefferschötchen die Menschen anregen, erstaunen, beglücken und ermutigen, Kontakte und Verbindungen begünstigen, neue Aussichten und Wege öffnen.

Das Peperoncino gehört auch zu den *Patate alla contadina*, dem besten italienischen Kartoffelgericht, das ich kenne. Ich habe es im Cibrèo zum ersten Mal gegessen und seither immer wieder zum Wohlgefallen aller gekocht. Es gehört trotz seiner Schlichtheit zur alchimistischen Tradition Italiens: Olivenöl, Peperoncino, Knoblauch, Rosmarin, Salbei und Tomaten verwandeln die Kartoffeln im Laufe eines langen sanften Kochprozesses in eine aromenreiche Speise, der die Tomaten die schöne hellrote Farbe geben.

PATATE ALLA CONTADINA

Kartoffeln nach Bäuerinnenart

1 kg Kartoffeln
Olivenöl, einige Salbeiblätter
1 Zweig Rosmarin,
2 Knoblauchzehen
1 Prise Peperoncino
Salz
Pfeffer
2 geschälte Tomaten
2–3 Tassen Fleisch- oder Gemüsebrühe

Man schält die Kartoffeln, schneidet sie in mittelgroße Stücke und gibt sie dann zusammen mit Salbei, Rosmarin und den geschälten Knoblauchzehen in einen Kochtopf mit heißem Öl, läßt sie von allen Seiten etwas anbräunen und würzt mit Salz, Pfeffer und Peperoncino. Darauf gibt man die geschälten und gewürfelten Tomaten bei und gießt Fleisch- oder Gemüsebrühe dazu, bis sie alles knapp bedecken. Man läßt auf kleinstem Feuer zugedeckt köcheln, bis die Flüssigkeit fast verdampft ist. Das dauert ungefähr 1 ½ Stunden; im Cibrèo läßt man diese Kartoffeln meist mehr als zwei Stunden auf dem warmen Herd stehen; ich vermute, daß die Tomaten oder das Gewürz der Sauce eine chemische Reaktion bewirken, welche die Kartoffeln am Zerfallen hindert. Falls zu viel Brühe verdampft, gießt man noch ein wenig nach.

Fabio Picchi liebt die einfachen ländlichen Gerichte der Toskana, weil in ihnen die Phantasie und die Sorgfalt der armen Leute zum Ausdruck kommt, die mit wenig Zutaten und viel Liebe Schmackhaftes auf den Tisch zaubern. Er ist auch überzeugt, daß in einer Welt, die mit ihren Ressourcen sparsamer umgehen sollte, die traditionelle Vorratshaltung wichtiger sein muß als der Kühlschrank. In Italien habe man sich von dieser Tradition ja zum Glück noch nicht allzuweit entfernt. Eine italienische Familie könne jederzeit zehn Tage lang aufs Einkaufen verzichten und aus ihren Vorräten leben. Jedermann habe bei sich zu Hause einen Sack Reis, ein paar Pakete Teigwaren, mindestens einen Liter Öl, Brot, das vielleicht hart, aber immer noch eßbar sei, Zwiebeln, Knoblauch, Mehl, Eier und wahrscheinlich auch geschälte Tomaten und Sardellen in der Dose. Das reiche problemlos für eine Woche. Und vielleicht werde man bald einmal erkennen, daß der Schritt zurück zur Speisekammer in Wirklichkeit ein Schritt in die Zukunft sei.

Auch der sinnvolle Umgang mit Resten gehört zur Ökologie einer zeitgemäßen Küche. Zum Beispiel die Verwertung von gekochtem Rindfleisch.

In der Toskana heißt dieses Gericht *Lesso rifatto* oder *Lesso alla Francesina*. Es stammt zweifellos aus der französischen Küche, wo es *Boeuf miroton* heißt und schon von Balzac im *Vetter Pons* sehr exakt beschrieben wird – ein Beweis für den europaweiten Einfluß der französischen Gastronomie im 19. Jahrhundert.

LESSO IN FRANCESINA

Gekochtes Rindfleisch nach französischer Art

2 große Zwiebeln
Olivenöl
Salz, Pfeffer
gekochtes Rindfleisch
2–3 geschälte Tomaten
2 dl Fleischbrühe

Man schneidet die Zwiebeln in feine Ringe und dünstet sie auf kleinem Feuer sehr langsam in Olivenöl, bis sie eine goldene Farbe haben. Dann gibt man die geschälten Tomaten bei, zerdrückt sie mit einer Gabel, würzt mit Salz und Pfeffer und läßt ein paar Minuten köcheln. Zum Schluß gibt man das in Würfel geschnittene Rindfleisch bei, gießt einen Teil der Fleischbrühe dazu und läßt alles zusammen unter mehrmaligem Rühren zwanzig Minuten auf kleinem Feuer kochen.

Direkt vor dem Ristorante Cibrèo auf der Piazza Ghiberti wird in der Markthalle von Sant' Ambrogio Markt gehalten. Es ist lehrreich, Fabio Picchi beim täglichen Einkauf zu begleiten. Hier ist die Cuisine du marché nicht Programm sondern Tatsache. Alle Sinne, nicht nur Auge und Nase, sind gefordert; um etwa die Qualität einer Artischocke zu prüfen, muß man sie anfassen, ein Blatt zurückbiegen und auf das Cricri-Geräusch der prallen Frische achten. Es geht aber nicht nur um die Frische; es gilt auch wahrzunehmen, wie sich das Aroma von Basilikum, Peperoni und Auberginen Woche für Woche verändert, voller, reicher und kräftiger wird. Alles ist im Fluß, und ein guter Koch ist nur, wer auf die Qualität des Naturprodukts hier und jetzt reagieren kann. Im Frühjahr mildert man die unvollendete Reife der Peperoni, indem man der Peperonata einen Teelöffel Zucker beigibt; aus dem gleichen Grund rundet man den Geschmack der gelben Peperonisuppe nicht mit Milch, sondern mit einem halben Glas Rahm ab. Im Spätsommer ist beides überflüssig. Darum ist es auch nie möglich, die Zutaten für ein Rezept aufs Gramm genau anzugeben. Ein guter Koch braucht Spielraum, um genau zu sein. Was für ein Schwachsinn, acht Blätter Basilikum vorzuschreiben, wo die Blätter des Basilikums ja ganz verschieden groß sind! Gar nicht zu reden vom wechselnden Aroma dieses wunderbaren Krauts.

Ein Rezept, das etwas taugt, kann nicht mehr sein als eine Partitur, welche die Richtung weist.

Und schließlich ist beim Kochen nicht nur die Jahreszeit wichtig; auch das Wetter beeinflußt die Qualität der Produkte. Wenn die Luftfeuchtigkeit groß ist, muß man zum Beispiel das Kaffeepulver im Filter stärker pressen, damit ein guter Espresso aus dem Hähnchen tropft.

Picchi kann seinen Sinneswahrnehmungen trauen. Er hat den absoluten Geschmack wie ein anderer das absolute Musikgehör. Mit seiner feinen Nase stellt er zum Beispiel fest, daß bei den gedünsteten Artischocken etwas nicht stimmt, worauf sich herausstellt, daß ein Teil der gehackten Petersilie vom Vortag stammt. Er zitiert, daß Gott, wenn es ihn gibt, in den Einzelheiten steckt, und erklärt, daß er das leichte ligurische Öl für die sanften weißen Bohnen verwende, während seine Artischocken in kräftigem toskanischen Öl schmoren.

Er kauft übrigens nicht alles auf dem nahen Gemüsemarkt, seine aromatischen Tomaten bezieht er von einem kleinen Produzenten in der Nähe von Livorno, der nur bewährtes italienisches Saatgut verwendet, und den Oregano und die Kapern läßt er von der Insel Pantelleria kommen, wo sie schon seit dreitausend Jahren angebaut werden. Kein Wunder, daß sie schmecken.

FAST-FOOD NACH FLORENTINER ART

Oder: der Magen als Speise

Die berühmteste und älteste Spezialität der toskanischen Küche ist nicht, wie die meisten Touristen glauben, die *Bistecca alla fiorentina*, sondern die *Trippa alla fiorentina:* Kutteln nach Florentiner Art, ein billiges und nahrhaftes Gericht, mit dem die armen Leute dieser Stadt während sechs Jahrhunderten ihren Hunger gestillt haben. Erstaunlicherweise ist diese Armleutespeise in Florenz noch heute bekannt und beliebt und gehört zum Speisezettel der Familien- wie der Restaurantküche.

Dazu kommt, daß es im Stadtzentrum zwölf ambulante Trippai oder Kuttelverkäufer gibt, die ihre Fahrzeuge von morgens bis abends auf Plätzen und in der Nähe von Märkten parken und hungrigen Passanten aus dampfenden Kesseln heiße Kutteln mit milder grüner oder pikanter roter Sauce offerieren. Die Kenner verlangen sie nature und schauen aufmerksam zu, wie der Trippaio die Kutteln mit scharfem Messer in mundgerechte Stücke schneidet, dann eine Semmel halbiert, die eine Hälfte mit etwas Kuttelbrühe aus dem Topf befeuchtet, mit den Kutteln belegt und mit Salz und Pfeffer würzt.

Die Kunden sind Arbeiter und Bankangestellte, Schüler und Verkäuferinnen, Hausfrauen und Passanten, denen man es nicht ansieht, was sie dazu bewegt, dieses traditionsreiche Gericht Hot-dogs, Hamburgern oder vorgefertigten Pizzette vorzuziehen. Wohl nicht nur die Treue zur Tradition, sondern auch die Gewißheit, daß die Kut-

teln aus dem Topf ein reines Naturprodukt sind und weder Emulgatoren noch Farbstoffe, Aromaverstärker oder Konservierungsmittel enthalten. Keine Porcherie, keine Schweinereien! Nichts als sauber geputzte, gewaschene und gekochte Rinder- oder Kälbermägen mit einem feinen und unverwechselbaren Aroma, das ohne Zutaten am besten zur Geltung kommt. Ein Gericht der klassischen toskanischen Küche, die keine Aromen mischt, Gewürze nur sparsam braucht, weil sie vor allem auf die Bewahrung des Naturgeschmacks zielt. (Dafür ist schließlich auch die *Bistecca fiorentina* ein Beispiel, die ohne Salz, Gewürze oder gar Marinaden auf dem Rost gebraten wird.) Der berühmte Kunst- und Literaturkritiker Emilio Cecchi hat 1936 ein Feuilleton über die Kutteln in Florenz geschrieben, in dem der Satz steht: »Man ist in der Welt besser verwurzelt und inniger zu Hause, wenn man das zarte, aber entschiedene Aroma der Kutteln liebt.«
Die Kutteln sind das Fleisch der armen Leute; die Reichen haben allerdings nie darauf verzichtet, sie zu essen. Von Apicius bis Bocuse gibt es in der europäischen Kochbuchliteratur keinen Autor, der die Zubereitung der Kutteln vergißt und nicht auch Rezepte für die übrigen Innereien wie Hirn, Leber, Nieren, Milken, Milz, Lunge, Herz, Gekröse und Rückenmark angibt. Auch Kalbsfüße, Schweinsohren, Ochsenschwanz und Rinderzunge, Hahnenkämme und Hühnerhälse figurieren bis ins neunzehnte Jahrhundert in allen Rezeptsammlungen. Die sorgfältige und vollständige Verwertung aller Teile des geschlachteten Haustiers gehörte zur Ökonomie einer Landwirtschaft, in der es keine Tierfabriken gab. Die toskanische Küche bezeugt in ihren typischen Gerichten noch heute eine Tradition der Sparsamkeit, die sich in dieser armen Provinz erst mit der späten Abschaffung des Halbpachtsystems nach 1962 gelockert hat. Nördlich der Alpen hat dagegen eine eintönige Schnitzel-und Hamburgerkul-

tur die vielgestaltigen und proteinreichen Innereien seit langem verdrängt. Sie werden, wie mir mein Metzger in Zürich sagt, zum größten Teil direkt im Schlachthaus verbrannt. Ein bedenkliches Indiz für die Eßkultur und das Umweltbewußtsein unserer Zeit.

Wer in Florenz in der Kuttelkunde weiterkommen will, muss sich mit den Kuttelverkäufern bekannt machen. Das ist nicht schwierig, weil man sie an strategischen Punkten der Innenstadt findet: in der Nähe von Märkten, auf kleinen Plätzen, in Nebenstraßen, wo es Raum zum Herumstehen und Schwatzen gibt. Zum Beispiel an der Via Finguerra unweit des Bahnhofs, wo der freundliche Massimo seinen Stand gegenüber dem Büro der Autovermietung Hertz hat. Er ist 26 Jahre alt, Mechaniker ohne Arbeit und ein phantasievoller Vertreter der Kuttlerzunft. Seinen Kunden bietet er, was nicht üblich ist, drei alte Hocker zum Sitzen an; dazu eigene gastronomische Kreationen wie Kutteln mit Artischocken, Kutteln mit Lauch und einen Salat aus Zungen- und Gebärmutterstreifchen, den er mit Champignon-Lamellen und Bröckchen von gut gelagertem Pecorino anreichert. Ein reiner Traditionalist ist

dagegen Vasco an der Piazza dei Cimatori im mittelalterlichen Florenz zwischen Via dei Calzaioli und Dantes Geburtshaus: Auf Wunsch kleckst er einem mit Verachtung grüne oder rote Sauce auf die Kutteln, und mit Passanten, denen der toskanische Akzent fehlt, lässt er sich auf kein Gespräch ein. Auf meine naive Frage nach dem Unterschied zwischen *Trippa* und *Lampredotto*, zwei Kuttelsorten, die jeder Trippaio anbietet, brummt er, die Metzger von San Lorenzo könnten mir das erklären. Darauf bin ich zum Mercato centrale gegangen, der von 7.30 bis 13.00 Uhr in einer Markthalle mitten in der architektonischen und bildhauerischen Wunderwelt des San-Lorenzo-Viertels stattfindet. An den Kuttelständen im Erdgeschoß habe ich mich im Gespräch und in direkter Anschauung informiert über Terminologie, Funktion und kulinarische Qualität der vier Mägen der Wiederkäuer.

Leider ist ein differenzierter Diskurs über die Kutteln in einem deutschsprachigen Kochbuch sinnlos, da bei uns höchstens noch Pansen verkauft wird; d. h. der erste und umfangreichste Magen, der auf einer Seite glatt ist und auf der andern wie ein Faserteppich aussieht. In Italien, Frankreich, Spanien und Nordafrika sind dagegen auch der Netzmagen, der Blattmagen und der Labmagen hochgeschätzt: Im Veneto ist man zum Beispiel der Ansicht, daß in einem vollendeten Kuttelgericht alle vier Mägen vertreten sein müssen. Und in der Toskana ist der Labmagen, der Lampredotto heißt, am beliebtesten.

Kutteln spielen natürlich auch in der Familien- und in der Restaurantküche eine wichtige Rolle. Unvergeßlich ist mir die *Insalata di trippa*, die ich vor vielen Jahren an einem Sommerabend bei Italo und Yvonne gegessen habe. Sie wohnten im siebten Stock eines Palazzo an der Via Proconsolo, ein paar Schritte vom Domplatz entfernt. Im riesigen Wohnzimmer drehte sich der Bratspieß im Kamin;

der gedeckte Tisch stand in einer schmalen offenen Galerie mit weitem Rundblick auf die Dächerlandschaft. Es begann zu dunkeln; ein leichter Abendwind brachte Kühlung und zum Auftakt des Essens gab es zwei Vorspeisen, die in braunen Tonschalen, neben Wein, Wasser und Brot bereit standen. Der Steinpilzsalat aus feingeschnittenen kleinen Steinpilzen, mit Öl, Salz, Zitronensaft und Petersilie gewürzt, schmeckte so gut wie ich erwartet hatte. Neu war für mich das köstliche frische Aroma des Kuttelsalats; ich habe ihn in meinen Speisezettel für vorurteilslose Freunde aufgenommen.

INSALATA DI TRIPPA
Kuttelsalat

200 g Kutteln
2 Eßlöffel guter roter Weinessig
3 Eßlöffel Olivenöl
1 Karotte
1 Stück Staudensellerie,
1/2 Zwiebel
1 kleine Knoblauchzehe
1/2 Sträußchen Petersilie
Salz und Pfeffer
1 Messerspitze gemahlener Peperoncino

Man schneidet die Kutteln von Hand in feine Streifen, gießt den Essig darüber und vermischt gut. Dann gibt man das Öl dazu und anschließend die anderen Zutaten, alle feingehackt, und würzt mit Salz, frisch gemahlenem schwarzen Pfeffer und Peperoncino. Man läßt diesen Kuttelsalat, der bei Zimmertemperatur serviert wird, 4-5 Stunden an einem kühlen Ort durchziehen.

Das Rezept der klassischen Kutteln nach Florentiner Art, die man auf der Speisekarte der meisten Restaurants findet, habe ich von dem bereits genannten Fabio Picchi. In seinem Ristorante Cibrèo habe ich diese Kutteln allerdings noch nie gegessen. Aus Selbstdisziplin läßt der Patron sie nur selten zubereiten; sie schmecken ihm nämlich so gut, daß er wie einst Gargantua mindestens die Hälfte des Topfs allein verschlingen würde.

TRIPPA ALLA FIORENTINA

Kutteln nach Florentiner Art

1 rote Zwiebel
1 Karotte
½ Stange Staudensellerie
6 Eßlöffel Olivenöl
2 geschälte Tomaten
Salz, Pfeffer
500 g Kutteln
½ l Fleischbrühe (evtl. aus Fleischextrakt und Wasser)
1 Gewürznelke
50 g Butter
70 g geriebener Parmesan

Zwiebel, Karotte und Sellerie werden fein gehackt und im Olivenöl gedünstet, bis sie leicht angebräunt sind. Dann fügt man die Tomaten bei, zerdrückt sie mit einer Gabel, würzt mit Salz, läßt auf kleinem Feuer ein paar Minuten kochen und gibt die Kutteln dazu, die man in ½–1 cm breite und etwa 5 cm lange Streifen geschnitten hat. Zum Schluß gibt man die Gewürznelke und soviel Fleischbrühe bei, bis die Kutteln bedeckt sind. Man läßt sie etwa 40 Minuten auf kleinem Feuer köcheln und vermischt sie vor dem Servieren mit Butter, Parmesan und Pfeffer aus der Mühle.

Wer dieses einfache Rezept einmal ausprobiert hat, braucht sich keine Gedanken mehr zu machen über die feinste Art, Kutteln zuzubereiten. Er hat ein für allemal erfahren, daß Kutteln keine starken Gewürze ertragen: weder Paprika noch Curry noch Kümmel. Auch viele Gemüse bekommen ihnen nicht wohl; besonders mit den Tomaten muß man sparsam umgehen, und Weißwein oder Champagner zum Ablöschen kann man sich sparen. Etwas gute Fleischbrühe verbindet sich viel harmonischer mit dem klassischen Aroma von Zwiebel, Karotte und Sellerie, die im Öl gedünstet werden. Den letzten Schliff, den Schmelz, die Abrundung und Vollendung bekommen die Florentiner Kutteln paradoxerweise von zwei Zutaten, die gar nicht zur toskanischen Küche gehören: von Butter und Parmesan, beides Produkte der Milchwirtschaft der Poebene. Der Parmesan hat in der Küche Mittelitaliens zwar eine alte Tradition, weil er dem scharfen und trockenen Pecorino in manchem überlegen ist; die Butter hingegen, die in fast allen toskanischen Varianten der *Trippa* auftaucht, wird in der klassischen Olivenölprovinz wenig verwendet. Sie stammt aus der Schlemmerprovinz Emilia nördlich des Appennin.

Wer den »Pinocchio« kennt, weiß, dass dieser Einfluß nicht neuen Datums ist. Sein Autor, Carlo Collodi, der das großartige Buch 1883 in Florenz publizierte, schildert im dreizehnten Kapitel die Mahlzeit, die Pinocchio, der Fuchs und die Katze im Wirtshaus »Zum Roten Krebs« einnehmen: »Sie traten in das Wirtshaus ein und setzten sich alle drei zu Tisch, aber niemand von ihnen hatte Appetit. Die arme Katze fühlte sich sehr unpäßlich im Magen und konnte nicht mehr essen als fünfunddreißig Seebarben mit Tomatensauce und vier Portionen Kutteln mit Parmesankäse, und da ihr diese nicht genügend gewürzt waren, verlangte sie noch dreimal Butter und geriebenen Käse!«

Daß Katzen schon immer Feinschmecker waren, ist bekannt.

DANIEL SPOERRIS SPAGHETTISAUCEN

Eat Art am Monte Amiata

In einem Hotelzimmer in Florenz sah ich zufällig ein kurzes Fernseh-Interview mit Daniel Spoerri, der seinen sechzehn Hektar großen Skulpturengarten am Monte Amiata fürs Publikum geöffnet hatte. Ich war so neugierig, daß ich ihn anrief. Er lud mich zu einem Besuch ein und versprach, etwas zu kochen, was ich bestimmt noch nie gegessen hätte: eine Spaghettisauce mit grünen Wacholderbeeren.

Den Fallenbilder-Künstler kenne ich vom Hörensagen seit meiner Studienzeit. Sein Onkel Theophil, bei dem ich in Zürich französische Literatur studierte, hat uns manchmal von ihm erzählt, bei Seminarabenden, die im Sommer in seinem Garten am Zürichberg stattfanden. Er hat uns braven und fleißigen Studenten, während wir trockenen Kuchen aßen und aus zierlichen Mokkatässchen dünnen Kaffee tranken, mit ungewöhnlicher Fröhlichkeit erzählt von diesem gar nicht braven Neffen, der mit zwölf Jahren in sein Haus kam, unwillig zur Schule ging, in allen Berufslehren böswillig scheiterte, Gedichte schrieb, nach dem Krieg in Holland und Frankreich herumzigeunerte und schließlich Tänzer wurde. Er erzählte nachdenklich und glücklich von diesem phantasiebegabten Nomaden-Neffen, den ihm das Schicksal beschert hatte, vermutlich um seine wohlgeordnete Professoren-Existenz hie und da etwas in Frage zu stellen.

Der Neffe ist dann ein paar Jahre später weltberühmt geworden mit seinen Fallenbildern, in denen er die Reste einer Mahlzeit - schmutzige Teller, schmieriges Besteck, mit Kippen gefüllte Aschenbecher, Gläser, Brotreste, zerknüllte Papierservietten - auf die Tischplatte klebte und als dreidimensionales Tafelbild an die Wand hängte. Daneben erfand er die »Eat Art«, eröffnete in Düsseldorf das Restaurant Spoerri, lehrte als Professor an den Kunsthochschulen von Köln, München und Wien, schuf Détrompe-l'oeil- und Flohmarktbilder, Natures mortes aus Tierskeletten und inszenierte seine Objets trouvés aus Gegenständen die er auf Müllkippen und im Abfall der Hinterhöfe entdeckte.

Der Besuch kam schon am Tag nach dem Telefongespräch zustande... Spoerri faxte mir eine Planskizze, so exakt, daß der unbegabteste Kartenleser nicht fehlgehen konnte, Wegweiser, Reklametafeln, Distanzangaben, drei verschiedene Telefonnummern, um ihn zu erreichen. Alles war angegeben. Wir fuhren bei wechselhaft gewittrigem Wetter durch die grünen Hügel gegen den Monte Amiata und standen 600 Meter nach der bezeichneten Kreuzung zwischen den schlichten und schönen Gebäuden des ehemaligen Gutsbetriebs. Die Bäume tropften vom letzten Regenguß, das Gras war naß, und Spoerri, der Gummistiefel trug, schlug uns eine abgekürzte Visite seines Kunstgartens vor.

In diesem Park, dessen fernes Vorbild der Parco dei Mostri von Bomarzo ist, verschlingen und verfremden sich Natur und Kunst viel inniger und witziger als anderswo. Hier geht es nicht um eine Freilicht-Skulpturen-Schau, sondern um ein Labyrinth, in dem man sich mit Gewinn verliert: Man bleibt vor einem wuchernden Efeugrab stehen, an dessen Bewohner nur zwei ineinandergelegte steinerne Hände erinnern; auch bei den frischgrünen, grasbewachsenen Sofas spielt die Natur mit, und sehr gern würde man sich zu Eva Aepplis weißgekleideter

Dame gesellen, die im Lehnstuhl unter dem Ahorn in ein Buch vertieft ist. Spoerri hat hier die Freunde seines Lebens Jean Tinguely, Bernhard Luginbühl, Roland Topor, André Thomkins versammelt, damit sie ihm mit ihren frechen Erfindungen helfen, Einbildung und Wirklichkeit zu verschmelzen.

Später treffen wir uns in der ehemaligen Ölmühle, in der sich Spoerri eingerichtet hat: Der riesengroße Wohnraum mit der offenen Küche liegt unter dem sanft abgeschrägten Dach mit alten dunkelbraunen Kastanienbalken. Zum Abendessen gibt es neben der versprochenen Wacholdersauce auch ein lauwarmes Nudelgericht mit einer Sauce, die nicht gekocht wird. Wir schauen zu, wie der Koch die beiden Gerichte mit leichter Hand zubereitet. Kein Wunder eigentlich bei dieser perfekten Mise en place: alle Zutaten liegen geschält, geputzt, gehackt, entsteint, gewiegt, zerstoßen oder gewürfelt bereit, so sinnvoll arrangiert, wie es nur einem Liebhaber des Zufälligen und Chaotischen gelingt. Von Telefonanrufen läßt sich der Gastgeber

Spoerris Garten, *Krieger der Nacht*

in seiner Ruhe nicht stören. Auch nicht von der bayerischen Nachbarin, die ihm eine Flasche ihres preisgekrönten Olivenöls bringt. Spoerri ist selber Produzent von Olivenöl und baut wie die andern Gutsbesitzer der Umgebung eine Sorte an, die Olivastra di Seggiano heißt. Eigentlich mag er das Öl, das er produziert, nicht besonders. Es ist ihm zu leicht, zu wenig aromatisch. Mit der Zeit habe aber auch er sich an die Olivastra di Seggiano gewöhnt. Das sei unvermeidlich; jeder Ölbauer werde süchtig nach dem eigenen Öl.
Er lacht und gießt aus einer schlanken Flasche dieses Öl in die große Schüssel, in der bereits gartenfrische Tomaten, Petersilie, Knoblauch, Kapern und Oliven liegen, und zwei Steinpilze, die dank des Regens über Nacht im Wald des Monte Amiata gewachsen sind. Man könne das Rezept auch mit Champignons zubereiten, sagt Spoerri; doch ist ganz klar, daß die prächtigen gesunden Steinpilze hors saison ihn zu diesem Sommergericht inspiriert haben.

SPIRALNUDELN
mit frischen Tomaten, Mozzarella und Steinpilzen

500 g Spiralnudeln (oder andere Teigwaren wie Fusilli, Tortiglioni oder Eliche, an denen die Sauce besser haftet als an glatten Nudeln)
800 g reife Tomaten,
1 Knoblauchzehe
200 g Mozzarella
100 g entkernte schwarze Oliven
1-2 Steinpilze, je nach Größe
1 Eßlöffel Kapern
Petersilie, Basilikum
Olivenöl,
Salz, Pfeffer

Alle Zutaten werden sorgfältig zerkleinert: Die Tomaten taucht man kurz in kochendes Wasser, zieht die Haut ab und schneidet sie in Stückchen. Die Knoblauchzehe und die Petersilie hackt man fein; Mozzarella und Steinpilze schneidet man in kleine Würfel, das Basilikum in feine Streifen. Dann gibt man alle Zutaten – außer Mozzarella und Basilikum – in eine große Schüssel, würzt mit Salz und Peffer und giesst reichlich kaltgepresstes Olivenöl dazu. Man läßt die Sauce mindestens eine halbe Stunde ziehen. Dann kocht man die Spiralnudeln im Salzwasser, bis sie al dente sind, läßt sie abtropfen und vermengt sie mit der frischen Tomaten- und Steinpilzsauce, der man auch Mozzarella und Basilikum beifügt. Damit sich Sauce und Teigwaren innig durchmischen, rührt man alles langsam und vorsichtig durcheinander, am besten mit der Hilfe von zwei Löffeln. Nun läßt man das Gericht noch ein wenig abkühlen; es schmeckt am besten lauwarm.

Spoerris Garten, *Die Spieler*

Es ist kein Zufall, daß der Koch-Künstler Spoerri die wichtigsten Zutaten seiner Pastagerichte hier und jetzt in der Pflanzenwelt des Monte Amiata findet. Die festen, gesunden Steinpilze verdankt er dem Wechsel von Wärme und Regen der letzten achtundvierzig Stunden und die Wacholderbeeren hat er vor zwei Stunden von einem stachligen Strauch neben dem Haus gepflückt. Mit dicken Handschuhen. Die noch grünen Beeren liegen jetzt feingehackt auf einem Teller und strömen einen herben und intensiven Gemüseduft aus. Reif und dunkelblau, wie wir sie als Gewürz kennen, schmecken sie süß aromatisch und eine Spur harzig.

Ich habe Daniel Spoerris Rezept zuhause mit reifen Wacholderbeeren nachgekocht: ein Fiasko – so bitter war die Sauce.

Beim zweiten Versuch reduzierte ich die Gewürzmenge drastisch, pro Person nur fünf bis sieben Beeren, eine Dosierung, die sich als perfekt erwies. Seither kaufe ich regelmäßig Wacholderbeeren für die aparte Sauce, allerdings nicht im Lebensmittelgeschäft, wo die Gewürzgläser fast immer zu lange im Regal stehen, sondern in einer Apotheke, die zwei- bis dreimal im Jahr mit frischen Beeren beliefert wird. Sie gelten als Naturarznei gegen allerhand rheumatische Leiden und werden ab fünfzig Gramm in weißen Papiertüten verkauft. Ich bin sogar noch einen Schritt weiter gegangen und habe im Herbst für unseren Dachgarten zwei Wacholdersträucher *(Juniperus communis)* gekauft, einen männlichen und einen weiblichen, damit sie sich bestäuben können.

SPAGHETTI
mit Wacholderbeeren und Tomaten

500 g Spaghetti
1 mittelgroße Zwiebel
1 Knoblauchzehe
20–30 Wacholderbeeren
100 g Pancetta
500 g geschälte Tomaten aus der Dose
1 dl Sahne
1 Gläschen Gin
Salz, Pfeffer, Olivenöl
30 g frischgeriebener Parmesan

Man hackt Zwiebel und Knoblauch so fein als möglich. Die reifen Wacholderbeeren sollten so frisch sein, daß man sie mit einem Küchenmesser leicht zerschneiden kann. Am besten geht das, wenn man sie zuvor mit dem Messergriff zerdrückt hat.
Dann läßt man sie zusammen mit Zwiebel und Knoblauch im heißen Öl anziehen, fügt die klein gewürfelte Pancetta bei und dünstet mindestens fünf Minuten weiter. Jetzt gibt man die Tomaten dazu, würzt mit Salz und Pfeffer und läßt die Sauce 10–15 Minuten auf kleinem Feuer köcheln. Zur Akzentuierung des Wacholderaromas gießt man den Gin dazu und zur Abrundung des Ganzen die Sahne. Jetzt kann man die Spaghetti im Salzwasser al dente kochen, abgießen und mit der Sauce vermischen.

Das unorthodoxe Rezept – Sahne und Gin gehören ja nicht gerade zum toskanischen Alltag – schmeckt fabelhaft. Vielleicht tragen dazu auch die paar »Heimwehtropfen« Maggiwürze bei, die Spoerri am Schluß beifügt. Ob im Ernst oder im Scherz bleibt sein Geheimnis. Sicher ist, daß man ein Rezept nur erfinden oder abwandeln kann, wenn man viel Erfahrung und Geduld, viele Geschmackserinnerungen und Vergleichsmöglichkeiten hat. Spoerri sagt: »Das Wichtigste beim Kochen ist, daß man es immer wieder tut.«

DAS LAND VOM MEER AUS GESEHEN

Oder Lucianos Fischküche

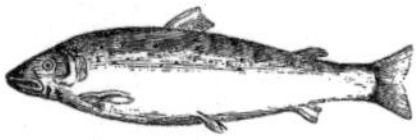

Schade, daß die Touristen auf die weißen Edelfische fixiert sind und immer Orate, Cernie, Spigole oder Pescatrice essen wollen. Und keine Ahnung haben, wie fein die billigen Sardinen und Sardellen schmecken, und die mythischen Kraken und die zartfarbenen Tintenfische mit ihren hübschen Fangarmschöpfen. Luciano Casini, der beste Fischkoch der Insel Elba (und wahrscheinlich auch Italiens), ist bei seinem Lieblingsthema, er trinkt mit uns ein Glas kühlen elbanischen Weißwein vor seinem Ristorante »Il Chiasso«, was sowohl Lärm als auch Gasse heißt, zwei Begriffe, die zusammengehören im schattigen Raum zwischen den alten Häusern, wo man auf bequemen Stufen zum Dorfplatz hinaufsteigt. »Ciao Ettore«, ruft er einem drahtigen kleinen Mann mit Schnurrbart zu, und kommentiert: »Der beste Polpaio von Capoliveri.« Und erklärt uns, wie man Kraken fängt. Wenn er vom Fischen redet, spürt man, daß er das Meergetier genau so liebt, wie die Menschen, die ihm nachstellen. Ganz besonders sympathisch sind ihm die Kraken, diese Märchentiere, die sich mit ihren acht Fangarmen im klaren Meerwasser um dunkle Felsblöcke bewegen. Ich teile seine Zuneigung, weil ich sie vor vielen Jahren in Neapel kennengelernt habe. Und zwar lebendig, aus nächster Nähe, nur durch eine Glasscheibe getrennt, im berühmten Aquarium dieser Stadt. Englische Wissenschaftler waren damals damit beschäftigt, die ungewöhnliche Erinnerungs-

und Lernfähigkeit dieser Tiere zu studieren, die als einzige Mollusken ein zentrales Nervensystem, also eine Art Gehirn haben.

Auf Elba suchen die Krakenfänger die küstennahen Felsen nach Schlupflöchern ab, in denen sich die Polpi oft stundenlang ausruhen. Um ihnen das zu verleiden, streuen die Fischer etwas Kupfervitriol in den Eingang. Das Pulver entwickelt im Wasser einen Geruch, der dem Polpo so zuwider ist, daß er herauskommt und seinem Jäger in die Hand schwimmt.

Deshalb lacht man auf der Insel Elba über den Octopus und nennt einen dummen Menschen Polpo; in Nordspanien dagegen bezeichnet man mit Pulpo einen Mann, der die Frauen so häufig betastet, als hätte er acht Arme wie das Meerestier. Für Luciano sind die Kraken kluge Tiere; als Beweis erzählt er, daß sie einer Muräne, die sie angreift, einen Fangarm zum Fressen überlassen und wegschwimmen; sie wissen aus Erfahrung, daß der Fangarm bald wieder nachwächst.

Die Polpi sind für Luciano auch gute Tiere; sie waren in der Nachkriegszeit die Hauptnahrung der Minenarbeiter von Capoliveri; er hat als Kind fast jeden Tag Kraken und Kartoffeln gegessen. Gewürzt waren sie mit reichlich Zwiebeln, Rosmarin und Peperoncino: Das kostbare Olivenöl fügte die Mutter nur tropfenweise bei, so daß eine kleine Flasche zwei bis drei Monate reichte.

Heute findet dieses Gericht aus der *Cucina* povera, der Armenküche, bei den Touristen aus aller Welt grossen Anklang, genau wie die schmackhafte Suppe aus einem gekochten und feingehackten Polpo, seiner Brühe und kurzen Nudeln. Die meisten Polpi werden im Ristorante »Il Chiasso« aber als Vorspeise zubereitet: als meerfrischer und sanft gewürzter Salat, den man, wie ich aus eigener Erfahrung weiß, jeden Tag essen kann, ohne daß man je genug davon bekommt. Die feste Zartheit dieses Fleischs und sein wunderbares, irgendwie rauchiges Aroma sind einzigartig.

INSALATA DI POLPO

Krakensalat

500g frischer oder tiefgekühlter Polpo
Meersalz
1 roter Peperoncino
Zitronensaft
Olivenöl
Salz, Pfeffer

Nach Lucianos Meinung haben Polpi gegenüber den Fischen den Vorteil, daß sie tiefgekühlt genau so gut schmecken wie frisch. Es lohnt sich auch, einen grösseren Polpo oder 2 Polpi von 500g zu kaufen, weil man den Salat mindestens eine Woche im Kühlschrank aufbewahren kann.
Man füllt einen Kochtopf mit soviel Wasser, wie es braucht, daß die Polpi gut bedeckt sind (lieber ein bißchen weniger, da man nachgießen kann), salzt und fügt den Peperoncino bei, was dem Salat einen Hauch von Schärfe gibt, der ihm gut ansteht. Sobald das Wasser kocht, gibt man die Polpi bei; die tiefgekühlten hat man über Nacht im Kühlschrank auftauen lassen. Luciano läßt sie nicht einfach ins Wasser gleiten, sondern taucht sie zuvor einzeln, dreimal nacheinander für 10-20 Sekunden ein. Das Ritual hat gastronomische und ästhetische Bedeutung: die stufenweise Gewöhnung ans kochende Wasser bewahrt die Mollusken vor dem Hartwerden; zugleich krümmen sich dabei ihre acht Fangarme so schön und regelmäßig, daß sie am Ende wie dunkelrot-violette Seesterne aussehen.
Für die Kochzeit gibt es keine festen Regeln. Nach zwanzig Minuten prüft man mit einer Gabel, ob das Fleisch dem Druck

schon so weit nachgibt, wie es für einen gekochten Polpo wünschbar ist. Das ist ein Erfahrungswert, den man nur durch häufiges Polpo-Kochen gewinnt. Für Anfänger eignet sich die spanische Methode: man kocht, je nach der Größe des Polpo, eine größere oder kleinere Kartoffel mit, und wenn diese weich ist, kann man auch auch den Polpo essen.
Die gekochten Polpi läßt man abkühlen, bis sie lauwarm sind, zerschneidet sie dann in dünne Scheiben und vermischt sie mit Olivenöl, Pfeffer, ein wenig Zitronensaft und, wenn nötig, Salz. Man kann auch Petersilie, Thymian, Rosmarin, Salbei oder andere Kräuter beigeben – das schmeckt einerseits würzig, andererseits lenkt es vom reinen Geschmack des Polpo ab.
P.S. Wenn in Kochbüchern je von Kraken die Rede ist, fehlt nie der Hinweis, ihre Haut zu entfernen, und auch in Restaurants wird das Meertier häufig schneeweiß, ohne Haut, präsentiert. Für Luciano ist das eine Barbarei, weil die Haut nicht nur eine schöne Farbe und ein gutes, kräftiges Aroma hat, sondern das Fleisch des Kraken auch vor dem Austrocknen schützt.

Luciano kauft direkt von den Fischern oder auf dem Fischmarkt von Portoferraio, wo das Angebot fabelhaft reich ist, weil es im Meer um die Insel Elba mehr Fische, Mollusken und Schalentiere zu fangen gibt als an den Küsten des Kontinents. Auf diesem Markt ist Luciano glücklich, sozusagen in seinem Element, ein Fisch unter Fischen. Mit glänzenden Augen betrachtet er die hellroten Triglie, das durchsichtig klare blaugrüne Auge einer Lampugna, das feuerrote Schuppenkleid der Gallinella und den Silberglanz der winzigen Zerri.
Der Markt bestimmt Lucianos Speisezettel; hier geht es nicht um Abwechslung, Auswahl, Preis, Gewicht oder andere Quisquilien, das einzige Kriterium ist die vollkommene, totale Frische. »Wenn du blauglänzende Sardinen siehst, die fast aus dem Korb springen, hast du keine Alternative; du mußt sie kaufen.«

Bis er fünfzehn war, hat Luciano die schönsten Stunden seines Lebens auf dem Meer verlebt, auf dem Boot seines Onkels, wo gefischt und meerfrisch gegessen wurde. Auf dem Spirituskocher briet man Sardellen und Palamite, und für den Jungen war jede Stunde an Land verlorene Meerzeit.

Kein Elbaner mag Fisch vom Vortag essen und Lucianos Mutter ging noch einen Schritt weiter: Sie kaufte ausschließlich Fische aus dem letzten Fang, den die Fischer morgens an Land zogen. Dann dauerte es nur noch drei Stunden bis zum Mittagessen, und ihre billigen Fischlein schmeckten garantiert besser als alle Seezungen oder Steinbutte in meerfernen Grandhotels.

Um Fische zu kochen braucht es nach Lucianos Meinung sehr wenig: bestimmt keine Saucen, und auch auf Gewürze und Kräuter kann man eigentlich verzichten; es genügt, sie auf dem Grill oder in der Pfanne zu garen und mit etwas Meersalz zu bestreuen. Das hat ihm einmal ein japanischer Maler bestätigt, den er nach dem besten Gericht seines Landes fragte. Die Antwort signalisierte Übereinstimmung über die Kontinente hinweg: »Ein frischer Fisch.«

Auf dem Markt kauft Luciano zwei schöne Spigole und kocht sie zum Abendessen al forno.

SPIGOLA AL FORNO

Seebarsch oder Loup de mer im Ofen

2 Spigole von gut 500 g
Olivenöl
1 Knoblauchzehe
Petersilie
Weißwein
Fisch- oder Gemüsebrühe
Salz, Pfeffer

In einer Kasserolle, in dem beide Fische Platz haben, erhitzt man das Öl, dünstet darin die zerdrückte Knoblauchzehe und die Petersilie an, löscht mit etwas Weißwein ab und gießt dann Fisch- oder Gemüsebrühe dazu, bis die Flüssigkeit 1/2 cm hoch steht. Dann schneidet man die ausgenommenen und geschuppten Fische auf jeder Seite zweimal schräg ein, gibt sie in die Kasserolle, würzt sie mit Salz und Pfeffer und verschließt die Form mit einer Alufolie. Man schiebt sie in den mittelheißen Ofen (190°–200°) und läßt 20-30 Minuten schmoren. An den Schnittstellen kann man kontrollieren, ob der Fisch gar ist.
P.S. Dieses Grundrezept für im Ofen geschmorten Fisch läßt sich vielfältig abwandeln. Sehr gut schmeckt zum Beispiel Schwertfisch, wenn man dem Olivenöl ein paar Fingerspitzen Fenchelsamen beifügt oder auch ein paar Cherry-Tomaten, und einen Nasello kann man auf ein Bett von Lauch oder Zucchini legen, die man vorher knapp weich gekocht hat.

Ein paar Tage später kommt Luciano wieder auf sein Lieblingsthema zurück. Im Grunde seien die Edelfische doch recht langweilig im Vergleich zu den Armeleutefischen.

Was könne man mit ihnen anderes anfangen als im Ofen schmoren oder auf dem Grill braten? Die Totani dagegen, die Calamari, die Sardellen, die Papaline, die Boghe, die Zerri und wie sie in der Toskana alle heißen, ließen sich fritieren, marinieren, alla diavola zubereiten, im Ofen knusprig braten und in unzähligen Kombinationen zusammen mit den Gemüsen aller Jahreszeiten auf dem Herd schmoren: im Frühling mit Spinat, Erbsen und Artischocken, im Sommer und Herbst mit Mangold, Zucchini, Tomaten, Peperoni, und im Winter mit Kohl und Zwiebeln. Und weil es ein schöner Vorsommerabend ist, schlägt er uns eines seiner Lieblingsgerichte vor:

SEPPIE CON PISELLI

Tintenfische mit Erbsen

4-5 mittlere Seppie (frisch oder tiefgekühlt))
Olivenöl
1 kleine Zwiebel
1 Knoblauchzehe, Petersilie
2 Stangen Lauch (oder Stangensellerie)
Salz, Pfeffer
l Glas Weißwein
500 g Erbsen (frisch oder tiefgekühlt)

Man dünstet Zwiebel, Knoblauch und Lauch, alles fein gehackt, im heissen Öl an, fügt die geputzten und in feine Streifen geschnittenen Tintenfische dazu, würzt mit Salz und Pfeffer und löscht mit dem Wein ab. Dann legt man den Deckel darauf und schaltet auf kleine Hitze, damit die Tintenfische Flüssigkeit abgeben, was für das Gelingen dieses einfachen Gerichtes wichtig ist. Nach 15-20 Minuten prüft man, ob die Tintenfische weich sind. Wenn ja, fügt man die Erbsen bei und läßt sie 5-15 Minuten kochen, je nachdem, ob sie frisch oder tiefgekühlt, groß oder klein sind. Man würzt mit Salz und Pfeffer und gehackter Petersilie.

Die große Überraschung des Abends ist aber die Pasta, die Luciano uns vor dem Tintenfisch-Erbsengericht bringt: glänzend schwarze Spaghettini, zubereitet mit der Tinte der Seppie. Mit ihnen demonstriert unser Gastgeber, daß man aus den bescheidenen Mollusken ein Hauptgericht und eine Pasta-Sauce zaubern kann. Eine Sauce, die fürs Auge und den Gaumen etwas Atemberaubendes hat: Pechschwarz liegen die Spaghettini auf unseren weißen Tellern: Ihr Meerduft ist streng und grossartig. Luciano beobachtet uns und streut dann etwas Parmesan darüber. Das ist die einzige Ausnahme von der Regel, dass man zu Fischsaucen keinen Reibkäse serviert. Das sanfte Parmesanaroma mildert die herbe Meeressenz, die von Muscheln, Algen und Moos ausgeht.

Das Rezept ist einfach, umständlich ist nur, dass bei uns die Seppie nicht mehr mit ihrem Tintenbeutel verkauft werden. Die Italiener und die Spanier verkaufen sie jetzt lieber separat – man muß sie im Fischgeschäft zu überhöh-

ten Preisen kaufen – oder sie liefern die Tinte an die Teigwarenfabriken, wo teure dehydrierte schwarze Teigwaren hergestellt werden, die an die echten Sepia-Spaghetti nicht einmal erinnern.

SPAGHETTI CON LE SEPPIE
Spaghetti mit schwarzer Sepiasauce

400 g Spaghettini
Olivenöl
1 kleine Zwiebel
1 Knoblauchzehe
wenig gehackte Petersilie
Salz, Pfeffer
100 g Tintenfisch, fein geschnitten
1 kleine Dose geschälte Tomaten (Pelati oder Polpa pronta)
Tinte für 6 Personen im Plastikbeutel aus
dem Spezialgeschäft
50 g geriebener Parmesan

Im heißen Olivenöl dünstet man Zwiebel, Knoblauch und Petersilie, alles fein gehackt, gut an fügt den feingehackten Tintenfisch und die Tinte bei, würzt mit Salz und Pfeffer und läßt ungefähr 10 Minuten auf kleinem Feuer köcheln. Dann gibt man die Pelati dazu und läßt zehn Minuten weiterkochen. Nun wirft man die Spaghettini ins kochende Salzwasser, gießt sie nach 5 Minuten ab, gibt sie in den Topf mit der Seppiasauce und läßt sie darin 2–3 Minuten kochen bis sie al dente sind. Man bestreut sie mit dem geriebenen Parmesan.

In Lucianos Fischküche gibt es keine Abfälle. Bei den Tintenfischen entfernt er nur die Augen und den harten Schnabel, mit dem die Mollusken Muscheln und Schnecken knacken, und selbstverständlich das Kalkblatt.

Alles andere ist köstliche meerfrische Substanz für seine Gerichte. Er zeigt uns beim Essen auch, daß es sich lohnt, die Fischköpfe und die Fischschwänze abzunagen, weil das Fleisch am Knochen das kräftigste Aroma hat. Genau wie beim Poulet oder beim Kotelett. Ein Schrein von Delikatessen ist auch der Fischkörper: Man denke an die Milch und die Eier, die Leber, die Eingeweide. Er erzählt uns, daß seine Tante die Gedärme der Cernia innen und außen sauber gewaschen, mit einer Brot- und Kräuterfarce gefüllt und dann mit Tomatensauce im Ofen geschmort habe, ein Festessen! Und wenn die Fische entgrätet und ohne Kopf und Schwanz zubereitet werden, was selten vorkommt, dann landen alle Abfälle in einem Topf mit leise kochendem Wasser, das sich mit der Zeit in einen kräftigen Fischfond verwandelt. Am meisten überrascht haben uns die Spaghetti mit einer Sauce aus Fischrogen, deren milde Zartheit durch die Schärfe eines halben Peperoncino belebt wurde. Luciano sagte stolz: »Unseren Kaviar salzen wir nicht ein: frisch schmeckt er uns besser.«

SPAGHETTI ALLE UOVA DI PESCE
Spaghetti mit Fischrogensauce

400 g Spaghetti
250-300 g Fischrogen
(von Meer- oder Süßwasserfischen)
Olivenöl
1 Knoblauchzehe
1 Sträußchen gehackte Petersilie
1 halber Peperoncino
Salz

Man dünstet auf kleinem Feuer Peperoncino, Petersilie und die zerquetschte Knoblauchzehe im Öl, fügt den Rogen dazu, ver-

rührt ihn, salzt und dünstet weiter, bis die Fischeier sich aufzulösen beginnen. Eventuell muß man sie mit ein wenig Fisch- oder Gemüsebrühe verdünnen; die Sauce muß jedoch cremig bleiben. Dann entfernt man den Knoblauch, gibt die al dente gekochten Spaghetti bei und mischt sorgfältig.
P.S. Diese exzellente Sauce kann man auch in der Osteria Le Logge in Siena bestellen. Anstatt Öl, Peperoncino, Petersilie und Knoblauch verwendet man dort nur Butter und Salbei. Die Sauce wird so noch zarter und milder.

Von Elba zurück, habe ich meinen Bodenseefischer auf dem Markt gefragt, ob er mir nicht einmal Süßwasserfische mit Rogen verkaufen würde. Er erklärte mir, daß bei uns das Fischen zur Laichzeit streng verboten sei. Einzige Ausnahme seien die Felchen, die sich so intensiv fortpflanzten, daß man sie nicht zu schonen brauche. In der ersten Woche der Laichzeit im November seien ihre Eier am feinsten: da verkaufe er sie frisch und mild gesalzen, malossol heiße das in der teuren Welt des Kaviars. Später konserviere er sie in Portionen von 250g im Tiefkühler. Er habe einen großen Kundenkreis, der scharf sei auf diese Spezialität. Manchmal komme er auch zu etwas rotem Forellenkaviar, der noch begehrter sei. Ich war ziemlich

perplex über diese Süßwasserkaviar-Mafia, von der ich noch nie etwas gehört hatte, und bestellte 250g Felchenrogen, den ich eine Woche später zu einem vernünftigen Preis bekam und im Kühlschrank auftauen ließ. Am Abend kochte ich Spaghetti mit Kaviar-Sauce, die allen ausgezeichnet schmeckten.

In Lucianos Fischküche, wo der frische Fisch der höchste Wert ist, muß natürlich auch die Zubereitung so kurz als möglich sein. Deshalb sind die Spaghettti mit dem Fischrogen für ihn ein exemplarisches Gericht. Ich bin fast sicher, daß es auf seiner Speisekarte nichts gibt, was mehr als dreißig Minuten Koch- oder Schmorzeit hat. Er hat als Restaurantbesitzer seine ersten Kocherfahrungen nie vergessen: seine Mutter, die alles Essen auf einem eisernen Dreifuß im Kamin zubereitete, und die Mahlzeiten vom zerbeulten Spirituskocher im Boot des Onkels.
Das Ristorante »Il Chiasso« ist einfach eingerichtet: Besonders appetitanregend ist der Durchblick auf die ein paar Stufen höher liegende Küche, wo Töpfe und Kasserollen von der Decke hängen und die Wände hinter Schöpfkellen, Drahtsieben und seppiageschwärzten Kochlöffeln verschwinden. Hier gibt es keine Küchenmaschinen, keine Wärmevorrichtungen und keinen Chromstahlglanz. Fast alle Kochtöpfe sind aus Aluminium, neben dem Kupfer der beste Hitzeleiter; das ist für Lucianos Küchentechnik entscheidend. Für seine Schmorgerichte dünstet er Zwiebel und Petersilie nur kurz auf ziemlich großem Feuer; sie sollen ihre Gartenfrische nicht verlieren. Als ich ihm einmal helfen wollte, Basilikum und Knoblauch zu schneiden, rief er entsetzt: »Per carità, non tagliuzzare« (Um Gotteswillen, nicht zerschnippeln), und legte die Basilikumzweige ganz und den Knoblauch zerquetscht in die Pfanne. Alles soll so frisch und unversehrt wie möglich bleiben.

In Lucianos Küche werden keine Reste weggeworfen. Das ist er seiner Mutter und seinem Onkel schuldig, die ihn gelehrt haben, den Fisch vom Schwanz bis zum Kopf zu nützen und zu achten. Wenn er abends sieht, daß nicht alle Fische gegessen wurden, gibt er einem Angestellten den Auftrag, sie *in carpione* zuzubereiten; das heisst, sie zu braten und mit einer heißen Marinade aus Essig und Gewürzen zu übergießen. Das ist neben dem Einsalzen und dem Trocknen die älteste Konservierungsmethode für Fische. Und besonders erfreulich ist, daß die Fische durch diese Prozedur nicht nur für 4-6 Tage haltbar werden, sondern auch von Tag zu Tag würziger und zarter schmecken. Sie sind vor allem als Vorspeise beliebt und ihr Rezept eignet sich für fast alle Süßwasser- und Meerfische.

PESCE IN CARPIONE
Marinierter Fisch

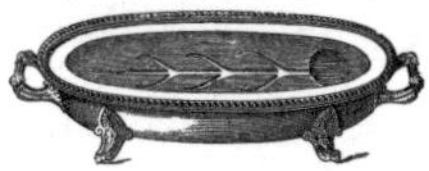

Sardinen, Sardellen oder andere nicht zu große Fische
Mehl, Olivenöl
Für die Marinade:
Knoblauchzehen oder feingehobelte Zwiebel
Peperoncino
Rosmarin
guter Weinessig

Man nimmt die Fische aus und wendet sie im Mehl, das man danach gut abklopft. Dann brät man sie im heißen Olivenöl und legt sie auf Küchenpapier zum Abtropfen. Für die Marinade dünstet man den in Scheiben geschnittenen Knoblauch, den Peperoncino und den Rosmarin im Öl, in dem man die Fische gebraten hat, löscht mit dem Weinessig ab, würzt mit Salz, und läßt fünf Minuten köcheln, bevor man die heiße Marinade über die Fische gießt, die man vorher in eine flache Schüssel

nebeneinander gelegt hat. Nach einer Stunde sind sie bereits genießbar. Will man sie länger aufbewahren, muß man darauf achten, daß sie von der Marinade ganz bedeckt sind und die Schüssel, mit einer Sichtfolie bedeckt, in den Kühlschrank stellen.
P.S. Gebratene Aale schmecken ausgezeichnet in einer Marinade, der man Pinienkerne und Rosinen beifügt.

Obwohl Luciano eine Speisekarte hat, ist ihm lieber, wenn die Gäste zu ihm sagen »Fammi mangiare!« (Mach mir was zum Essen). Dann gelingt es ihm, die Stimmung des Gastes, das Wetter und die ganze Weltlage so einzuschätzen, daß Vor- und Hauptspeise dem entsprechen, was sich der Gast in der unbestimmten Leere seines Hungers gewünscht hat. Wenn einer dagegen die Speisekarte verlangt, ruft Luciano den Kellner; was soll er mit Leuten, denen ein Stück Papier mehr sagt als ein Gespräch mit dem Chef.
Luciano findet auch, daß ein Feinschmecker stets einen ganzen Fisch für sich allein bestellen sollte, selbst wenn der vierhundert Gramm wiegt. Nur beim Zerlegen und Entgräten des ganzen Fisches könne man die ganze Lust des Fischessens erleben. Der Fischkoch sagt, das sei wie bei den Frauen; man müsse ihren Körperbau gut kennen, um glücklich mit ihnen zu sein. Sein Meer ist voll erotischer Strömungen: Manchmal redet er von den Fischen wie von Frauen, und manchmal kommen ihm die Frauen wie Fische oder Sirenen vor. Und manchmal sagt er nachdenklich: »Auch die Fische haben eine Seele.«
Gefallen hat uns auch die Geschichte von seiner Tante, die sich im Vorsommer am Strand hinsetzte und die Füße ins Wasser streckte. Es waren die schneeweissen Füße einer Frau, die lange, schwarze Kleider trägt und nie an der Sonne liegt. Plötzlich umfing ein Oktopus einen ihrer Füße mit seinen Fangarmen, weil er ihn für einen weißen Fisch hielt. Luciano hat den Mollusken gepackt und so

getötet, wie auf Elba jeder Fischer den Oktopus tötet: mit einem kräftigen Biß zwischen die Augen, wo sich sein Nervenzentrum befindet. Der Biß macht den Fisch sofort bewußtlos. Dieses archaische Töten ohne Mordwerkzeug erinnert an eine Verbundenheit zwischen Mensch und Tier, die in ferne Epochen zurückreicht. Eine Verbundenheit, die sich auch im respektvollen und sorgfältigen Umgang mit der Beute zeigt. Luciano und seine Tante haben den Polpo zum Abendessen nach allen Regeln der Kunst gekocht, in kleine Stücke geschnitten und im Öl gebraten. Die ganze Familie ist satt geworden.

Zum Schluß ein Spaghettirezept mit eingesalzenen Sardellen, das man auch fern der Meeresküste zubereiten kann.

SPAGHETTI CON LE ACCIUGHE

Spaghetti mit Sardellen

400 g Spaghetti
Olivenöl
4 Sardellen aus dem Salz (im Spezialgeschäft in Gläsern oder Dosen erhältlich) oder aus dem Öl
½ Peperoncino
1 kleine Handvoll Kapern aus dem Salz
8-12 Cherry-Tomaten
1 Knoblauchzehe

Zum Zubereiten dieser Sauce braucht man weniger Zeit als zum Kochen der Spaghetti. Man spült die Sardellen unter fließendem Wasser, bis sie von ihren Salzkristallen befreit sind. Dann entgrätet man sie und schneidet sie in Stücke. Man erhitzt das Öl, fügt den Peperoncino, die in Wasser gespülten Ka-

pern, die Sardellen, die Tomaten und den Knoblauch bei. Man zerdrückt die Tomaten mit der Gabel und läßt die Sauce 5 Minuten köcheln, ohne Salz beizufügen. Dann gibt man die abgetropften und al dente gekochten Spaghetti in den Topf mit der Sauce und vermischt alles sorgfältig und gründlich.

LIVORNO RUNDHERUM/VOM WIND UMWEHT

Die Küche einer toleranten Stadt

Livorno ist die einzige größere Stadt der Toskana, die direkt am Meer liegt. Ich bin ihr zuerst in den Gedichten von Giorgio Caproni begegnet, der hier 1912 zur Welt kam. Aus ihnen kenne ich den Hafen, die Kanäle und die breiten Straßen, die so geradeaus zum Meer führen, daß man an ihrem Ende plötzlich die stolze Silhouette eines Ozeandampfers erblickt. Auch die Salzluft und den Wind, der hier Tag und Nacht, kühl oder mild, vom Land oder vom Meer weht, den blauen Glanz des Mittags und den Wechsel lichter und heller Grautöne, der die Dämmerung belebt: »Livorno tutta intorno/com'era ventilata!« heißt es in dem Gedicht »La ricamatrice« (Die Stickerin) und es paßt zur leichten Musik von Capronis Lyrik, daß ihm zum Namen Livorno viele Reimworte wie »giorno, forno, torno« einfallen: Sie verweben seine Anrufungen der Heimatstadt mit sanfter Ironie ins Gewebe des erinnerten Alltags.

Daß Livorno ein erholsames Reiseziel ist, zeigen schon die Reiseführer, die der zweitgrößten Stadt der Toskana höchstens zwei Seiten widmen. Auch in den Prospekten für Badeferien figuriert Livorno kaum, obwohl es in unmittelbarer Stadtnähe elegante Strandbäder gibt, wo sich vor hundert Jahren die aristokratische Gesellschaft ganz Europas traf. Mich lockt die Vorstellung, nach Florenz, Siena, Lucca, Volterra und San Gimignano mit seinen vielen überflüssigen Türmen einmal eine Stadt ohne Monu-

mente zu besuchen. Und als ich erfahre, daß Aldo Santini, der Papst der toskanischen Küche, in Livorno lebt, entschließe ich mich zur Reise. Annarella, die aus Livorno stammt und als Malerin in Zürich lebt, macht mir alles einfach: Sie kontaktiert ihre Freundin Alba und ihren alten Bekannten Santini und schon sitze ich im Euro-City »Cinque Terre« und freue mich auf die lange Reise.
Bei Alba, die im Herzen von Livorno an der Piazza della Repubblica wohnt, gibt es zum Abendessen eine Lauchsuppe, die müden Reisenden gut tut. Sie gehört zum unerschöpflichen Repertoire leichter Süppchen, das die toskanischen Hausfrauen aus den einfachen Zutaten zaubern, die sie gerade vorrätig haben. Diese Suppen sind mir lieber als die berühmten toskanischen Brot- und Gemüsesuppen wie *Acqua cotta* oder *Ribollita* die nur schmecken, wenn man den Appetit eines Holzfällers hat.

MINESTRINA DI PORRO
Lauchsuppe

¼ Zwiebel
1 Knoblauchzehe
2 mittlere Lauchstengel
1 ¼ l Gemüse- oder Fleischbrühe oder auch einfach
Wasser und Salz, Petersilie, Olivenöl

Man schneidet die Zwiebel fein, zerquetscht den Knoblauch, schneidet die Lauchstengel in schmale Streifchen und dünstet bei kleiner Hitze so lange, bis der Lauch seinen Saft abgibt und zusammenfällt. Dann fügt man die Flüssigkeit bei und läßt die Suppe 30 Minuten leise köcheln. Zum Schluß nimmt man den Knoblauch heraus und bestreut die Suppe mit der gehackten Petersilie. Man kann dazu nach Belieben auch geriebenen Parmesan reichen.

P.S. Alba hat mir auch das Rezept einer andern Gemüsesuppe verraten, die im Handumdrehen zubereitet ist. Man raspelt frische Zucchetti in eine kochende Fleischbrühe, gibt eine schnellkochende Suppeneinlage (z.B. die beliebten Reiskörner aus Hartweizenmehl) bei, und nach 5 Minuten ist die Minestrina zum Essen bereit. Geriebener Parmesan ist in diesem Fall fast obligatorisch.

Nachher gibt es zweierlei Rohschinken: den klassischen milden von Parma und den kräftigeren der Toskana, der stärker gesalzen wird, damit er dem heißen Sommer standhält. Dazu gekochte *Bietola* (Mangold), die man im Teller mit Zitronensaft und Olivenöl anmacht. Alba erzählt mir, daß toskanische Hausfrauen in Zeitnot nicht zum tiefgekühlten Spinat greifen müssen; sie finden Spinat oder Mangold in ihrem Lebensmittelgeschäft jeden Morgen frisch gekocht, abgetropft und zur appetitlichen Kugel geformt.

Gegen elf Uhr kommen der Maler Enzo Neri und seine Frau und mahnen, es sei an der Zeit aufzubrechen, damit ich an diesem Abend wenigstens eine der Sehenswürdigkeiten Livornos erlebe. Wir fahren ins menschenleere Bahnhofquartier, biegen vom Viale Carducci links in die Via del Vigna ein und sehen von weitem vor einem hellerleuchteten Lokal viele Menschen gestikulieren, reden, lachen, rauchen und trinken. Es ist die Bar Civili, die mir in der nebligen Herbstnacht wie eine Explosion von Licht, Lärm und Lebensfreude vorkommt. Explosiv auch das Getränk, das mir sofort in die Hand gedrückt wird: eine in jeder Beziehung heiße Mischung aus gut gezuckertem starkem Espresso und Rum, zu gleichen Teilen, mit dem Dampf der Kaffeemaschine erhitzt und einem Stück Zitronenschale gewürzt. In Livorno heißt dieses Teufelselixier, das Schläfrige zu Aktivisten und mürrische Menschen zu Spaßvögeln macht, *Ponce* und ist das populärste

Getränk der Stadt. Es gibt kein Restaurant, wo man nach dem Essen nicht »Caffè o Ponce«? gefragt wird. Bei Civili trinke ich mein Glas am Tresen mit Vergnügen leer und meine neuen Freunde sagen mir freundlich besorgt, den zweiten Ponce trinke man immer am Tisch.
Der Ponce ist die Livorneser Variante des Punch, den die englischen Seeleute nach Livorno gebracht haben; das heiße Wasser hat man durch den heißen Espresso ersetzt, den echten Jamaica-Rum durch ein dunkles aromareiches Gebräu, das aus den Resten verschiedenster Liköre zusammengeschüttet wird. Es heißt in der Toskana Romme, weil man hier nicht will, daß Wörter konsonantisch enden, und drum auch mit dem Autobusse oder dem Tramme fährt und deutsche Freunde Oskare oder Klause nennt. Kenner bestätigen übrigens einstimmig, daß ein guter teurer Rum sich für den echten Ponce nicht eignet.

Am nächsten Tag treffe ich den Experten der toskanischen Küche, dessen Fama mich nach Livorno gelockt hat, beim Denkmal der Quattro Mori am alten Hafenbecken. Aldo Santini sieht nicht aus wie man sich einen Gourmet vorstellt: Er ist hochgewachsen, und für einen Italiener ungewöhnlich sportlich und nonchalant gekleidet. Er wirkt wie ein eleganter Tourist und Gentleman, der seine guten Manieren hie und da mit verbalen Grobheiten aufrauht, um zu demonstrieren, daß er ein echter plebejischer Livorneser ist. Im Verlauf des Gesprächs begreife ich, daß-seine Einzigartigkeit als Gastronom darin besteht, daß er sich in seinem Leben immer nur als Esser, als Gast, als Beobachter verstanden hat und nie versuchte, die Seite zu wechseln. Seit mehr als vierzig Jahren ißt er jeden Tag zusammen mit seiner Frau, mit Freunden oder Kollegen im Restaurant und auch den morgendlichen Cappuccino trinkt er in der Bar, da er nicht weiß, wie man Kaffee kocht. Dieser konsequenten Lebenswahl verdanken seine

Bücher über die toskanische Küche ihren weiten Horizont, ihre Genauigkeit und ihren Witz. Die Rezepte zitiert er stets mit Quellenangabe; seine Zuträger sind Gastwirte und kochlustige Hausfrauen. Anzufügen bleibt, daß das Schreiben über Kulinarisches für ihn bis zur Pensionierung ein reines Hobby war; im Hauptberuf war er Journalist. Seine Reisen haben ihn davon überzeugt, daß man

in der Küche der Alltagskultur und dem Geist eines Landes begegnet.

»Livorno ist die einzige Stadt der Welt, die der Sklaverei ein Denkmal errichtet hat«, sagt Santini, »ausgerechnet Livorno mit seiner großen Freiheitstradition.« Er macht mich auf die vier Negersklaven aufmerksam, die mit Ketten gefesselt, in geduckter und gewundener Haltung den Sockel umgeben, auf dem der toskanische Großherzog Ferdinando I. de' Medici in Heldenpose steht. Dieser Herzog war zwar kein Held, aber immerhin ein weitsichtiger Politiker. Er hat 1593 ein Toleranzedikt erlassen, das jedem, der in Livorno Wohnsitz nehmen würde, für fünfundzwanzig Jahre alle erdenklichen Freiheiten und Vorteile garantierte: von der Gedanken- und Religionsfreiheit über die ungehinderte Handels- und Berufsausübung bis zum unschätzbaren Recht, über die eigene Vergangenheit niemandem Auskunft geben zu müssen. Spanische und portugiesische Juden, katholische Engländer, griechische und albanische Kaufleute und russische Exilfamilien, aber auch Bankrotteure, Galgenvögel, Seeräuber, Prostituierte und Hurensöhne strömten in den neuen Freihafen im berüchtigten Malariagebiet, der sich rasch zum wichtigsten Handelsplatz der gesamten thyrrenischen Küste entwickelte.

In Livorno wurden nicht nur die ersten Tomaten gegessen und der erste Kaffee getrunken; auch die Ideen der Aufklärung, des Anarchismus und des Kommunismus haben hier zum ersten Mal in Italien Fuß gefaßt.

Ich möchte aber doch noch wissen, wie es denn zu dem Mohrendenkmal kam, und Santini erzählt, daß der Sklavenhandel für die christlichen Piraten ein ebenso wichtiges und gutes Geschäft gewesen sei wie für die islamischen; ganz besonders hätten sich die Ritter vom Sankt-Stefans-Orden in der Sklavenjagd hervorgetan. Livorno sei im 17. Jahrhundert wie Algier, Tunis und Konstantinopel ein Umschlagplatz für den Menschenhandel gewesen; sein Wirtschaftswachstum verdanke es nicht nur den zugewanderten Kaufleuten, sondern auch ihren unbezahlten Sklaven.

Im Gefängnis am Hafen lebten damals zwei- bis dreitausend Menschen, die tagsüber als Lastenträger, Stall- oder Küchenburschen, Köche und Kutscher ihrer Livorneser Herrschaft dienten. Der Bildhauer Pietro Tacca hat 1623 für das Denkmal vier besonders schön und kräftig gebaute Schwarze als Modelle ausgewählt.

Santini flunkert nun ein bißchen über die schwarzen Sklaven und die reichen Damen im Seicento, kehrt dann aber plötzlich in die Gegenwart zurück, winkt einem Taxi und wir fahren zu seinem Stammlokal, dem Ristorante Barcarola, wo es den besten Cacciucco gibt. Ich spüre, daß der Wirt und Santini erwarten, dass ich nun die berühmte Fischsuppe bestelle, die als Wahrzeichen der livornesischen Küche gilt: eine pikante Mischung aus mindestens fünf Sorten preiswerter Fische und Mollusken mit einer leuchtend roten Tomatensauce. Ich erfülle ihren stummen Wunsch und bekomme eine Riesenportion. Obwohl es mir gut schmeckt, beneide ich Santini ein wenig um seine Spaghetti alle triglie, die delikat aussehen. Drum lasse ich mir nach dem Essen das Spaghetti-Rezept geben und verzichte auf den Steckbrief des Cacciucco, für den man sowieso nur zwischen Carrara und Grosseto die richtigen Zutaten findet.

Der erste Schritt zu den Spaghetti alle triglie sind die Meerbarben nach Livorneser Art. Die Triglie, Meerbarben oder Rougets, die über den felsigen Gründen des Mittelmeers leben, sind delikate Fische. Man erkennt sie an ihrem leuchtend roten Rücken und den beiden seltsamen Bartfäden am Unterkiefer.

TRIGLIE ALLA LIVORNESE

Meerbarben nach Livorneser Art

8 Meerbarben von etwa je 100 g
500g frische Tomaten oder Pelati
2 Knoblauchzehen
Petersilie
Salz
Pfeffer
Olivenöl

Man dünstet den feingeschnittenen Knoblauch im heißen Öl, gibt die Tomaten bei, würzt mit Salz und Pfeffer und läßt sie 15 Minuten auf kleinem Feuer kochen. Dann gibt man die Tomatensauce in eine Kasserolle mit niedrigem Rand, legt die ausgenommenen, gewaschenen und abgetrockneten Meerbarben nebeneinander hinein und läßt sie auf kleinem Feuer 10 Minuten kochen, ohne sie zu wenden, indem man die Kasserolle hie und da leicht schüttelt. Man serviert sie mit frischgehackter Petersilie bestreut.

SPAGHETTI ALLE TRIGLIE

Spaghetti mit Meerbarben

Um das obenstehende Gericht in eine Spaghettisauce zu verwandeln, entgrätet man die Meerbarben sorgfältig und gibt ihre Filets wieder in die Sauce zurück. Die obenstehenden Mengenangaben reichen für 8 Portionen Spaghetti. Ist die Sauce zu stark eingekocht, verdünnt man sie mit dem Kochwasser der Spaghetti.

P.S. Dieses Rezept kann man auch mit Süßwasserfischen zubereiten; nach meiner Erfahrung eignen sich dazu Felchen und Forellen.

Der Patron des Restaurants vertritt die Meinung, daß beide Gerichte aus der jüdischen Küche stammen, weil sie von den jüdischen Geschäftsleuten oder Familien, die bei ihm essen, fast immer bestellt werden. Santini ist da nicht so sicher. Vielleicht liegt es einfach daran, daß die jüdischen Gesetze Muscheln und andere Schalentiere verbieten und die Triglie des Mittelmeers für Feinschmecker die beste Alternative sind. Auf jeden Fall habe die jüdische Einwanderung die wirtschaftliche und kulturelle Entwicklung der Stadt viel stärker geprägt als diejenige anderer Regionen. Das zeige sich auch in der Küche, in der noch heute spanische, portugiesische und nordafrikanische Einflüsse nachzuweisen seien. Die iberischen Juden, die 1492 von der Inquisition zur Auswanderung gezwungen wurden, hätten zu einem großen Teil im islamischen Nordafrika Zuflucht gefunden. Erst als Livorno zum Freihafen erklärt wurde, seien ihre Nachfahren nach Italien ausgewandert.

Am nächsten Tag, bei einem Rundgang durch die grandiose, neoklassizistische Markthalle aus dem Jahr 1893 macht mich Santini auf den Couscous aufmerksam, der an vielen Ständen angeboten wird: grober Hartweizengrieß aus Sizilien in großen Jutesäcken, daneben vorgekochter Couscous aus Turin, der in zehn Minuten gekocht ist wie die Produkte, die man bei uns im Bioladen kauft. In Livorno besteht die Käuferschaft vor allem aus Nordafrikanern. In jüdischen Familien wird der Couscous noch heute nach traditioneller arabisch-jüdischer Art von Hand gerieben, im Dampf gekocht, wieder gerieben und mit Gemüse und kleinen Kalbfleischkügelchen angerichtet, ein Procedere, das einen ganzen Tag dauert.

Ob sich der Aufwand lohnt, wage ich nicht zu beurteilen; sicher ist der Unterschied zwischen dem klassischen Couscous und seiner Version für die Schnellküche ähnlich groß wie der zwischen hausgemachtem Kartoffelpüree und solchem aus dem Beutel. Ich kann das beurteilen, weil ich im Ristorante »La Gibigiana« den echten Livorneser Couscous gegessen habe. Zum Abschluß hat mir die Patronne Giancarla Zuccherofino ein sephardisches Dessert offeriert, das ich sofort in mein Repertorium aufgenommen habe.

SCODELLINE DI CIOCCOLATA
Schokoladetöpfchen

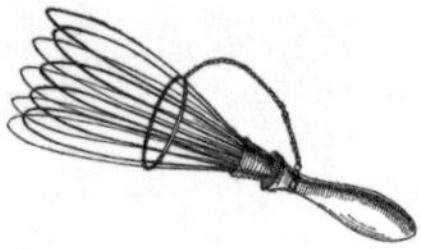

150 g dunkle Schokolade
3 Eier
1 Löffel Orangenblütenwasser

Man zerbröckelt die Schokolade in einem kleinen Chromstahltopf, noch besser in einer runden Schüssel, gibt etwas Wasser dazu und lässt sie im nicht allzu heißen Wasserbad langsam schmelzen. Dann verrührt man die Eigelbe mit dem Schneebesen und vermischt sie mit der flüssigen Schokolade. Das Eiweiß schlägt man zu steifem Schnee, den man mit Sorgfalt unter die Schokoladenmasse zieht. Am besten eignet sich dazu eine Gummikelle. Am Ende gibt man das Orangenblütenwasser bei und füllt die dickflüssige Masse in kleine Tassen ohne Henkel, in kleine Souffléförmchen oder auch in kleine Weißweingläser. In den livornesisch-jüdischen Familien verwendet man dazu schmale hohe Porzellantäßchen. Diese köstliche und einfache Variante unserer Mousse au chocolat gehört zu den Desserts, die das jüdische Gesetz nach einer Fleischmahlzeit erlaubt, da es keine Milchprodukte enthält. Für Gojim empfiehlt sich die Beigabe von etwas Schlagsahne.

Das Rezept habe ich in Aldo Santinis Buch »La cucina livornese« gefunden mit dem Vermerk »Ricetta di Emma Belforte«; es handelt sich um die Schwester des Verlegers Paolo Belforte, dem auch die große Buchhandlung an der Via Grande gehört. Wir treffen ihn dort und er bedauert, daß er uns keinen Livorno-Führer zeigen kann. Es sei eben schwierig, den Touristen eine Stadt schmackhaft zu machen, in der es keine Antike, kein Mittelalter und keine Renaissance gebe, und in der zudem 84% aller Gebäude im Zweiten Weltkrieg zerstört worden seien. Die schlechte Qualität des Wiederaufbaus könne jeder mit eigenen Augen sehen.

Santini erzählt, wie die meisten seiner Mitbürger, gern, daß die Juden in Livorno brüderlich aufgenommen wurden; hier habe es nie ein Getto oder Diskriminierungen gegeben; die erste Synagoge sei schon 1610 erbaut worden. Auch die erste Druckerei und das erste Kaffeehaus seien dank jüdischer Initiative entstanden. Von weltweiter Bedeutung war der Aufschwung der Korallen- und Diamantenindustrie im Dreieck London - Livorno - Antwerpen: Die Korallen aus dem Mittelmeer wurden in Livorno bearbeitet, nach London verkauft; aus dem Erlös erwarb man brasilianische und indische Diamanten, die in Antwerpen geschliffen und den Fürsten Europas und anderer Kontinente angeboten wurden. Am Anfang des 19. Jahrhunderts gehörte 10% der Stadtbevölkerung zur jüdischen Gemeinde und man nannte Livorno auch »Piccola Gerusalemme«.

Meine letzte Begegnung mit der jüdisch-arabischen Küche dieser Stadt sind die *Melanzane in scavece* – fritierte und in Essig marinierte Auberginen –, die ich in der Osteria »Scali delle ancore« an der Nuova Darsena als Vorspeise esse. Der Kellner sagt, es sei ein jüdisches Gericht, *scavece* komme von *escabeche*, was im Spanischen Marinade heißt und in Küche und Konservenindustrie geläufig ist. Für einen Augenblick tauche ich in die Vergangenheit ein, in der ich an meiner Dissertation schrieb und mich mit der arabisch-iranischen Bezeichnung sikbag – marinierter Fisch – herumschlug, die wie *caviar*, *marzapan*, *bottarga* und *cubbaita* zu den Lehnwörtern gehört, die den Einfluß der arabischen Kochkunst auf die Küche des

europäischen Mittelalters belegen. Alles raffinierte und wohlschmeckende Handelsprodukte, die in Spanien, Süditalien oder den italienischen Seerepubliken direkt von arabischen Kaufleuten gehandelt wurden, vermutlich schon im 12. Jahrhundert. In Sizilien heißt der marinierte Fisch noch heute *scapece*, in Ligurien scabeccio; in der Hochsprache konnte sich das arabische Wort nicht durchsetzen. Und in Livorno finde ich nun nach so vielen Jahren einen weiteren Beleg, diesmal als Bezeichnung für mariniertes Gemüse.

MELANZANE IN SCAVECE
Marinierte Auberginen

2 mittlere Auberginen
Olivenöl
Salz
2 zerquetschte Knoblauchzehen
1 roter Peperoncino
1 Teelöffel Origano
3–4 dl guter Weinessig

Man schneidet die Auberginen der Länge nach in dünne Scheiben und brät sie im heißen Olivenöl. Dann läßt man sie auf Küchenpapier abtropfen, bestreut sie mit Salz und legt sie in eine Schüssel. Man bringt den Weinessig mit Peperoncino, Origano und Knoblauch zum Kochen, gießt ihn über die Auberginen und lässt mindestens einen Tag an einem kühlen Ort durchziehen; man kann sie im Kühlschrank auch 3–5 Tage aufbewahren. Wem im Öl gebratene Auberginen zu fett sind, der kann sie auch im Backofen garen, indem er sie mit wenig Öl bepinselt.
P.S. Anstelle von Auberginen eignen sich für dieses Rezept auch Zucchini.

Beim Abschied von Livorno macht mir Alba ein Geschenk, das ich nie vergessen werde. »Etwas Proviant für die Reise«, sagt sie und drückt mir eine Plastiktüte in die Hand... Erst im Zug entdecke ich, daß sie für mich einen Castagnaccio gebacken hat, einen flachen Kuchen aus Kastanienmehl, mit Pinienkernen und Rosinen bestreut, einen wunderbar schlichten Kuchen, der wie alle guten Spezialitäten der Toskana viel Aufmerksamkeit und eine leichte und sichere Hand verlangt. Gegen fünf Uhr nachmittags leihe ich mir in der Bar des Speisewagens ein Messer, schneide vom Kuchen mit dem Kastanienduft ein paar Stücke und biete sie dem Ehepaar mir gegenüber an. Die Stimmung im Abteil verändert sich schlagartig: Der Castagnaccio schmeckt so gut, daß die schläfrige Langeweile verfliegt und eine kenntnisreiche und angeregte Diskussion in Gang kommt über den Castagnaccio im besonderen und die italienische Küche im allgemeinen. Und alles im Vergleich zu anderen Küchen der Welt, die meine Reisegefährten, wie sie sagen, ohne Vorurteile geprüft haben, um zu entdecken, was alle Italiener und auch Nicht-Italiener immer wieder entdecken: Die italienische Küche gehört zu den besten der Welt.

CASTAGNACCIO
Kastanienkuchen

300 g Kastanienmehl
2-3 Löffel Zucker
1 Prise Salz, Olivenöl
1 Zweig Rosmarin
etwa 0,8 l Flüssigkeit, halb Milch, halb Wasser
100 g Rosinen, 100 g Walnüsse
100 g Pinienkerne
1 unbehandelte Orange

Man gibt das Kastanienmehl mit dem Zucker und dem Salz in eine Teigschüssel und vermischt es unter tüchtigem Rühren mit dem Milchwasser zu einem dünnflüssigen Teig, den man mit dem sehr fein gehackten Rosmarin vermischt und über Nacht stehen läßt. Am andern Morgen gibt man die abgeriebene Orangenschale bei und verdünnt den Teig, wenn nötig, mit Wasser. Man pinselt ein großes rundes Kuchenblech mit reichlich Öl aus und gießt den Teig hinein. Er darf nicht höher als 1 ½ cm stehen. Man bestreut die Oberfläche mit Pinienkernen, gehackten Walnüssen und Rosinen, die man zuvor in Cognac eingeweicht hat. Zuletzt beträufelt man sie mit Olivenöl. Dann backt man den Kuchen bei 200° in der Mitte des Ofens.

P.S. Das wichtigste fürs Gelingen des Castagnaccio ist, daß man dazu Kastanienmehl verwendet, das nicht älter als 6 Monate ist, was bedeutet, daß man vom Frühsommer bis zum Herbst diesen Kuchen nicht mehr zubereiten soll.

Albas Castagnaccio ist eine raffinierte Variante des Urrezeptes, dessen Teig nur aus Wasser und Kastanienmehl besteht; seine Oberfläche wird mit Rosmarinnadeln bestreut und mit etwas Öl beträufelt.

BOCCACCIOS MACCHERONI

Woher die Teigwaren kommen

Man traut seinen Augen nicht, wenn man im Larousse culinaire 1990, dem Standardwerk der französischen - und internationalen - Küche, unter dem Stichwort »pâtes alimentaires« liest: »Sie stammen aus China, wo Marco Polo sie entdeckt hat. Er hat das Rezept nach Italien gebracht und Caterina de'Medici hat sie in Frankreich eingeführt.« Wie kommen die französischen Küchen-Historiker darauf, ein solches Ammenmärchen zu kolportieren? Ein wenig Vernunft und Kocherfahrung genügen ja, um einzusehen, daß die Teigwaren auf Marco Polos Vermittlung nicht angewiesen waren. Sie konnten überall auf der Welt entstehen, wo es Getreidemehl und Wasser gibt, die man zu einem Brei vermischen oder zu einem Teig verkneten kann. Dieser Teig läßt sich mit oder ohne Hefe im Ofen zu Brot backen oder zu einem Teig auswälzen, in Streifen schneiden und in Salzwasser garkochen. Auch die deutschen Nudeln, Maultaschen, Knödel, das arabische Couscous und die ungarischen Tarhonyas sind autochthon entstanden und haben weder mit Italien noch mit China etwas zu tun.

Eine andere Sache ist die, daß in Italien die Palette der Teigwaren und ihrer Zubereitung reicher ist als in irgendeinem andern Land der Erde und in den letzten Jahrzehnten weltweit so bekannt wurde, daß Wörter wie Pasta, Spaghetti, Lasagne, Gnocchi und Sugo von New York bis Tokio verstanden werden.

Und doch ist die Vorstellung Italiens als Pasta-Paradies ein Touristen-Cliché, das die Wirklichkeit entstellt. Wer Spaghetti und italienische Küche gleichsetzt, kommt heute zwar in ganz Italien auf seine Rechnung, sogar in der Toskana, obwohl hier die Pasta keine alte Tradition hat und das Brot vom 12. bis ins 19. Jahrhundert die Grundlage der Ernährung war. Kalorien lieferten daneben auch Kartoffeln, Kastanien, Mais und weiße Bohnen. Heutzutage kann man aber von Florenz bis Siena in den Trattorie und Ristoranti die Pasta-Spezialitäten aller Provinzen bestellen, von den ligurischen *Trenette al pesto* bis zu den römischen *Spaghetti alla carbonara*. Man hat sich den Wünschen der Touristen angepaßt, sicher. Es ist aber auch kein Zufall, dass ein großer Koch wie Fabio Picchi in seinem »Cibrèo« in Florenz keine Teigwaren anbietet. Er selber begründet das etwas scheinheilig mit dem Platzmangel in seiner Küche, man spürt aber, wie gern er zeigt, daß beste toskanische Küche auch ohne Teigwaren auskommen kann.

Ein aufmerksamer Leser von Boccaccios *Decameron* möchte hier vielleicht widersprechen und auf die dritte Novelle des achten Tages hinweisen, in welcher der Spaßvogel Maso dem einfältigen Calandrino von einem wunderbaren Land erzählt, »...wo ein Berg sei aus lauter geriebenem Parmesankäse, und dort oben täten die Leute nichts anderes als Maccheroni und Ravioli machen, die sie in Kapaunenbrühe kochten und dann herunterwürfen, und je mehr sich einer davon nehme, desto mehr habe er...«. Ob das nicht ein Beleg dafür sei, daß die Florentiner schon im 14. Jahrhundert nichts lieber gegessen hätten als Pasta und Parmesan? Das hieße übersehen, dass Boccaccios Handwerker nur faseln vom Schlaraffenland, wo man sich den Bauch mit Ravioli und Maccheroni vollschlägt; ihre Schlemmer-Phantasien gehören ins Reich der Utopie.

Die Wirklichkeit sah anders aus: Frische Teigwaren waren ein Luxusessen, das sich nur Adlige und reiche Kaufleute

leisten konnten. In den ältesten italienischen Kochbüchern aus dem 14. Jahrhundert gibt es Rezepte für Ravioli, Lasagne, Tortelli und Maccheroni, aber sie spiegeln die höfische Küche des ausgehenden Mittelalters wider. Sie wurden von Hofköchen für Hofköche geschrieben und wirken heute ziemlich exotisch, weil sie die frischen Nudeln nicht nur mit reichlich Käse und Butter anrichteten, sondern auch mit Zucker oder süßen Gewürzen bestreuten und oft sogar mit Goldstaub überpuderten. Über die Volksernährung geben sie keine Auskunft.
Der Grundakkord der italienischen Teigwarenküche wird bei Boccaccio allerdings schon angeschlagen: Pasta und Parmesan ist tatsächlich eine Kombination, die sich bis heute gehalten hat. Das einfachste Rezept der ländlichen Küche der Toskana heißt:

SPAGHETTI AL CACIO E PEPE
Spaghetti mit Käse und Pfeffer

400 g Spaghetti
Salz, Pfeffer
100 g Pecorino oder Parmesan,
möglichst fein gerieben

Man kocht die Spaghetti al dente, läßt sie in einem Sieb abtropfen und hebt einen Teil des Kochwassers auf. Dann gibt man sie in eine gut vorgewärmte Schüssel und vermischt sie mit ein paar Löffeln Kochwasser, damit sie ganz saftig sind. Nun vermischt man sie mit dem geriebenen Käse und dem schwarzen Pfeffer aus der Mühle. Wenn man geschickt und vor allem flink im Mischen ist und Schüssel, Spaghetti und Kochwasser wirklich heiß sind, umgibt am Ende der zerfließende Käse die Spaghetti als hauchdünner Mantel. Es schmeckt aber auch großartig, wenn der geriebene Käse nicht vollkommen zergeht.

Er ist eine so reiche Würze, daß die Zugabe von Butter oder Öl der Vollkommenheit dieses einfachen Gerichtes nur schaden könnte.

Die Geschichte der Pasta als Grundnahrungsmittel hat ihren Ursprung in den fruchtbaren Ebenen Süditaliens und vor allem Siziliens. Dort wird seit dem 12. Jahrhundert Hartweizen angebaut, der mehr Glutamine enthält als der Weichweizen von Nord- und Mittelitalien. Die Glutamine machen die Teigwaren so elastisch und fest, daß sie beim Kochen zusammenhalten, und so saugfähig, daß sie außen weich werden, innen jedoch al dente – bißfest – bleiben. Zudem eignet sich nur Hartweizen zum Trocknen und zur Vorratshaltung. (Daß noch heute in der EU über die Qualität von Teigwaren aus Hartweizen oder Weichweizen erbittert gestritten wird, zeigt, daß es den Fans der Qualitätspasta nicht gelungen ist, die gewinnsüchtigen Anhänger der Billigpasta von ihrer gerechten und wohlschmeckenden Sache zu überzeugen.) Natürlich war das sizilianische Klima zum Trocknen, ideal und so entstanden auf der Insel – vermutlich hatten die Araber ihre Hand im Spiel – Pasta-Manufakturen, die Makkaroni und Nudeln in christliche und muselmanische Länder rund ums Mittelmeer exportierten.
Obwohl es nur Einzelstudien und keine Geschichte der Pasta in Italien gibt, läßt sich aus Verordnungen und Preisvergleichen feststellen, daß die getrockneten Hartweizennudeln auf dem Kontinent ein relativ teures Nahrungsmittel blieben. Noch im 16. Jahrhundert waren die Maccheroni in Neapel dreimal teurer als das Brot. Erst die Erfindung von Knetmaschinen und mechanischen Nudelpressen senkte die Produktionskosten so drastisch, daß die Pasta im 18. Jahrhundert in Neapel zur Volksnahrung wurde und die Neapolitaner als »Maccheronifresser« in die Geschichte eingingen. Im übrigen Italien dauerte es

nochmals ein Jahrhundert, bis die Nudeln dank der Entwicklung der Pastaindustrie überall zu kaufen waren. Ihr weltweit beliebtestes Produkt, die Spaghetti (Schnürchen), werden 1846 zum ersten Mal erwähnt.

Auf dem Land hat sich neben den Fabriknudeln die lokale Produktion von Frischteigwaren für festliche Mahlzeiten erhalten. Im nördlichen Zipfel der Toskana, der Lunigiana, wird zum Beispiel die Tradition der viereckigen *Testaroli al pesto* gepflegt und südlich von Siena liebt man die handgerollten spaghettiähnlichen *Pici* oder *Pinci*.

Wer in der ländlichen Toskana im Restaurant oder am Familientisch Pasta ißt, merkt bald, daß die Auswahl bescheiden und eintönig ist: Es gibt praktisch nur Spaghetti oder Penne mit Tomatensauce oder mit Fleischsauce; am Meer kommen *Spaghettini alle vongole* dazu. Der Pastafreund merkt aber auch, daß in der Toskana die Teigwaren fast mit jedem Sugo kräftiger und intensiver schmecken als anderswo und fragt sich, wie das kommt. Ich habe das Geheimnis in Pistoia entdeckt, als ich dort vor vielen Jahren mit Lorenzo im Ristorante S. Jacopo *Maccheroni al sugo di carne* aß. Wir waren beide hungrig; doch konnte es nicht nur am Hunger liegen, daß uns diese Maccheroni, die eigentlich Penne waren, wie ein Gericht aus dem Schlaraffenland schmeckten. Beim Kaffee setzte sich der Patron an unseren Tisch, wahrscheinlich, weil wir die einzigen Gäste waren, die er nicht kannte. Auf unsere Frage nach den Teigwarennamen in Pistoia lachte er: »Wir sind eben Anarchisten. Was dem einen Maccheroni sind, nennt der andere Penne«, und erzählte uns dann flink und sachkundig, was für Naturprodukte, Beziehungen, Prinzipien, Überlegungen und Kochtechniken zu den feinen Gerichten gehörten, die wir gegessen hatten. Dazwischen grüßte er die Stammgäste, die kamen oder gingen: den Polizeipräfekten mit seiner Gemahlin, den Gemüsehändler von der Piazza della Sala und den Otorinolaringoiatra –den Hals-Nasen-Ohren-Arzt(ein

Wort, das ich seither nicht mehr vergessen habe). Am Ende des Abends sagte der Wirt, ich solle doch am nächsten Morgen in der Küche vorbeischauen, um die Theorie durch die Anschauung zu ergänzen.
Der Besuch hat sich gelohnt. Ich war dabei, als zur Essenszeit der Kellner »Quattro maccheroni al sugo« rief und

Giulio Romano, *Die Hochzeit von Amor und Psyche (Ausschnitt)*

die Köchin 300 g Penne ins kochende Salzwasser warf, nach 8 Minuten in ein Sieb abgoß und dann – das war die Überraschung – in die Kasserolle mit dem köchelnden Sugo schüttete und auf kleinem Feuer 2-3 Minuten mit der Holzkelle vorsichtig vermischte. Das war ein neues Beispiel für die alchimistische Kochkunst der toskanischen Köchinnen und Köche, der wir immer wieder begegnet sind. Hier weiß man, daß Penne oder Maccheroni nur wirklich schmecken, wenn sie das Aroma der heißen Sauce aufsaugen können. Daß sie trotzdem al dente auf den Teller kommen, ist selbstverständlich.
Es gibt in der Toskana verschiedene Ausdrücke für diese Art der Pastazubereitung: Am besten gefällt mir das lautmalerische *strascicare* – nachschleifen –; aber auch *girare* – drehen – ist anschaulich, und um *saltare* – springen – zu verstehen, muß man wissen, daß besonders geschickte Köche die Pasta mit einem Schlenker aus dem Handgelenk wie ein Omelett in die Luft werfen und mit der Pfanne wieder auffangen.

PENNE GIRATE

Penne mit Fleischsauce

400 g Penne oder Rigatoni
300 g frische Tomaten oder 400 g Pelati
250 g gehacktes Rindfleisch
2 Knoblauchzehen
Salbei und Rosmarin
1/2 Glas kräftiger Chianti
Olivenöl, Salz, Pfeffer
geriebener Parmesan

Man dünstet Salbei, Rosmarin und Knoblauch im Olivenöl an. Den Knoblauch zerquetscht man nach toskanischer Art und

fischt ihn am Ende wieder aus der fertigen Sauce. Nach fünf Minuten gibt man das Fleisch bei und dünstet weiter, bis es durchgeröstet ist. Dann löscht man mit dem Chianti ab und läßt ihn verdunsten. Nun gibt man die geschälten und von der Samenflüssigkeit befreiten frischen Tomaten oder die Pelati bei, würzt mit Salz und Pfeffer und lässt 20-30 Minuten auf kleinem Feuer köcheln. Dann vermengt man die nicht ganz al dente gekochten Penne während 2-3 Minuten mit der Sauce und bestreut sie zum Schluß mit Parmesan.
P.S. Diese anspruchslose Sauce lässt sich vielfältig variieren, indem man mehr Gemüse, z. B. Sellerieblätter, Petersilie und Karotten, frische oder getrocknete und eingeweichte Pilze mitschmort und das Aroma durch 100g feingehackte Pancetta abrundet. Es schmeckt auch gut mit gehacktem Schweine- oder Lammfleisch.

Die Köchin hat mir noch einen zweiten guten Rat fürs Pastakochen gegeben: es sei nicht nötig, die Pasta im Sieb bis auf den letzten Tropfen abzugießen. Das Kochwasser enthält nämlich Stärke und wirkt in der Sauce als leichtes Bindemittel. Ist die Sauce etwas zu stark eingekocht, kann man sie mit ein paar Löffeln vom Kochwasser so verdünnen, daß sie ihre samtene Konsistenz nicht verliert. Darum soll man das kostbare Kochwasser nicht achtlos wegschütten.
Daß diese Kochmethode auch für Spaghetti mit Fisch- oder Muschelsauce gilt, hat mir später Luciano Casini, der Patron des Ristorante »Il Chiasso« in Capoliveri auf Elba bestätigt. Seine Teigwaren *alle vongole* sind im Handumdrehen gekocht. Kaum hat man sich hingesetzt und den frischen aromareichen Elbaner Weißwein probiert, steht schon die dampfende Schüssel mit den Spaghettini auf dem Tisch, in deren Duft das ganze Mittelmeer enthalten ist.

SPAGHETTI CON COZZE, VONGOLE UND VONGOLINE

Spaghetti mit Miesmuscheln,
großen und kleinen Venusmuscheln

400 g Spaghetti
4 Eßlöffel Olivenöl
1 feingehackte Knoblauchzehe
1 Esslöffel gehackte Petersilie
1/2 Teelöffel Majoran
1 Stück Peperoncino
2-3 Cherry-Tomaten (für die schöne Farbe)
ungefähr 1 kg Miesmuscheln,
große und kleine Venusmuscheln

Um diese Blitzspaghetti zuzubereiten, genügen Luciano 15 Minuten. Zuerst dünstet er Knoblauch, Petersilie, Majoran, Peperoncino und die Cherry-Tomaten in einem Kochtopf an, fügt die gewaschenen Muscheln bei, stellt die Hitze höher und gibt den Deckel drauf. Dann läßt er die Spaghetti ins kochende Wasser gleiten und schaut nach, ob sich alle Muscheln geöffnet haben. Nicht geöffnete Muscheln wirft er weg. Nach fünf Minuten gießt er die Spaghetti in ein Sieb und hebt einen Teil des Kochwassers auf. Er vermischt sie mit der fertigen Muschelsauce, fügt 2-3 Schöpflöffel Kochwasser bei und läßt die Teigwaren in der Muschelsauce fertig kochen, wobei sie das köstliche Meeraroma aufsaugen. Die Stärke im Kochwasser bindet die Sauce so leicht, wie es für Muschel- oder Fischsaucen richtig ist.

WILDSCHWEINE UNTER OLIVENBÄUMEN

Die sparsame Küche der Maremma

Gerold Späth hat sich zum Leben und Schreiben etwas Angenehmes ausgedacht: Das Sommerhalbjahr verbringt er in Irland, das Winterhalbjahr im milden Meerklima der Südtoskana. In die Schweiz geht er nur noch zum Zahnarzt oder zu Geburtstagsfeiern. Auch seinen toskanischen Wohnort hat er sich gut ausgesucht: In Campiglia marittima halten die meisten internationalen Züge auf der Linie zwischen Genua und Rom, damit die Elba-Touristen – immerhin rund eine Million pro Jahr – in den Autobus nach Piombino umsteigen können, wo das Schiff zur Insel auf sie wartet.

An der kleinen Bahnstation, die ziemlich einsam in der Ebene steht, warten Gerold und Anita, und wir fahren mit dem Auto landeinwärts und hangaufwärts bis zu ihrem Haus, das in einem Olivenhain liegt. Vom Vorplatz aus sieht man das Meer mit den Inseln: Elba, Korsika und südlich die lichtgrauen Umrisse der kleinen Inseln Montecristo und Giglio.

Die Küstenebene, wo es wenig Industriedafür Obstbau und vor allem Badeorte gibt, wird landeinwärts von langen Hügelzügen aus grauem Kalkstein flankiert, wo nur endlose, menschenleere Macchiawälder gedeihen. Die Stille in der herben grünen Landschaft ist eindrucksvoll, fast beklemmend.

Umso effektvoller am andern Morgen um sechs Uhr das

Knallen der Flintenschüsse und das Gebell der Jagdhunde. Die Toskaner sind passionierte Jäger, die (in der Saison) jeden Tag ausziehen, um zu schauen, ob sich in der Macchia mediterranea noch irgendetwas Lebendiges regt, das sie abknallen können. Die gewitzten Wildschweine lassen sich aber von ihren kleinen Jagdhunden nicht vertreiben, sie verhalten sich still; sie haben schon gefrühstückt. Im Morgengrauen, bevor die Jäger kommen, waren sie in den Olivenhainen und haben sich an den untersten Zweigen der Bäume gütlich getan. Gottseidank sind sie so schlau, sonst müßten die Touristen in der Toskana noch mehr Wildschweinkoteletts essen, die oft zäh und ziemlich groß sind.

Gerold hat zum Empfang eine *Focaccia* gebacken, die er etwas zu früh aus dem Ofen nimmt, wieder hineinschiebt und schliesslich verkohlen läßt. So trinken wir ein Glas Prosecco nach dem andern und sind ganz überrascht, als Signora Stella an die Tür klopft. Sie war bis vor kurzem Köchin im Ristorante Otello in Venturina, unten in der Ebene, und lebt jetzt mit einem zweiundachtzigjährigen Witwer zusammen, der eine so langsame Verdauung hat, daß er vom Mittag bis zum andern Morgen nichts essen kann. Er ist geizig und gibt ihr fast kein Geld; aber sein Olivenöl verschenkt er den Freunden und sagt jedem: »solange ich lebe, brauchst du kein Öl zu kaufen.« Er hat sie bis zum Haus gefahren, ist aber im Auto geblieben, um die Zeitung zu lesen. Gerold sagt, er gehe jetzt zu Alberto hinaus und frage ihn, ob er nicht wisse, daß das Zeitunglesen in einem geparkten Auto schon seit einiger Zeit streng verboten sei.

Bald darauf erscheint der Witwer; er ist so grau und spitzig wie eine Figur von Federico Tozzi, der in seinen Romanen und Erzählungen ein ziemlich düsteres und trostloses Bild der ländlichen Toskana zwischen 1900 und 1920 entworfen hat.

Stella erzählt munter und wortreich. Sie stammt aus Neapel und ist erst nach dem Krieg zusammen mit ihrer Familie nach Campiglia gekommen. Sie war mausarm; doch auf die Sparsamkeit der Toscani war sie nicht gefaßt. In der Trattoria, wo sie arbeitete, hat sie gelernt, daß man die Schoten der frischen Erbsen nicht wegwirft, sondern sauber gewaschen und fein geschnitten der Minestrone beifügt. Oder mit Zwiebel, Knoblauch, Petersilie zu einer Minestra verarbeitet, die man über geröstete Brotschnitten gießt. Bei besonderen Gelegenheiten habe man sogar einen Pudding aus Erbsenschoten gekocht, den man im Wasserbad garte und in Scheiben geschnitten als Beilage zu Kaninchen oder Perlhuhn servierte. Solche *Sformati* (sformare heißt aus der Form bringen) seien auch aus Spinat, Mangold, Fenchel, Sellerie und Blumenkohl zubereitet worden.
Stellas Bericht gefällt mir so gut, daß ich sie um das Sformato-Rezept bitte. Dieses Gericht, das man in fast allen toskanischen Restaurants auf der Speisekarte antrifft, hat wenig zu tun mit der naturnahen Schlichtheit der sonstigen toskanischen Küche.
Nur in Frankreich konnte man auf die Idee kommen, frisches Gemüse zu kochen, zu pürieren, mit einer Béchamelsauce, Eiern und geriebenem Käse zu vermischen und im Wasserbad zu garen. Das Sformato ist wahrscheinlich im 19. Jahrhundert, als man sich in ganz Europa der französischen Küche unterwarf, auch nach Italien gekommen und hat im aristokratischen und großbürgerlichen Ambiente Furore gemacht. Und sich erstaunlicherweise in der Toskana bis heute gehalten, selbst in der Trattoria für Lastwagenfahrer, in der Stella Köchin war. Daß es sich um ein dekoratives und wohlschmeckendes Gericht handelt, ist unbestreitbar.

SFORMATO DI VERDURA

Gemüsepudding

500 g Gemüse
(Spinat, Mangold,
Fenchel, Artischocken etc.)
2 Eier
100 g geriebener Parmesan
Bechamelsauce (aus 80 g Butter,
80 g Mehl, $^{1}/_{2}$ l Milch, 1 Prise Salz)
Salz, Pfeffer , Muskatnuß

Das im Salzwasser gekochte Gemüse wird fein gehackt oder durchs Passiersieb gedreht, mit der Béchamelsauce, den zerquirlten Eiern und dem Parmesan vermischt und mit Muskatnuss, Salz und Pfeffer abgeschmeckt. Man verrührt alles zu einer homogenen Masse, die man in eine mit Butter und Mehl ausgestrichene Pudding- oder Timbalform gibt. Man stellt die Form in ein Wasserbad in den Backofen, und gart den Pudding bei 160° während 40 Minuten. Es ist ratsam, 10 Minuten zu warten, bevor man ihn auf eine Platte stürzt.
Damit das Gericht etwas leichter und delikater wird, könnte man versuchen, nur $^{2}/_{3}$ der Béchamel und 4 statt 2 Eier zu verwenden. Im Ristorante Cibrèo in Florenz, wird anstelle von Béchamel Ricotta, Öl und mehr Käse verwendet.

In der Trattoria Otello wurde viel fritiert, von der Kalbsmilch über das Huhn und die Kaninchen bis zu den Lammkoteletts.
Besonders beliebt waren Festessen, bei denen auch die Gemüsebeilagen knusprig gebacken wurden. Als Meister der Fritierkunst gelten die Florentiner, die nach einem alten Spruch sogar aus Schuhsohlen im Ausbackteig eine Delikatesse machen.
Nachstehend Stellas Rezept des

POLLO FRITTO
Gebackenes Huhn

1 Huhn (ungefähr 1 kg)
3 Eier
150 g Weizenmehl
Rosmarin
3 dl Olivenöl
Salz, Pfeffer und gemahlener Peperoncino

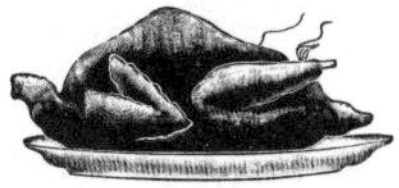

Man läßt das Huhn vom Metzger in 8 Teile zerlegen und legt sie in eine Schüssel, in der man zuvor die zerquirlten Eier mit Salz, Pfeffer, Peperoncino und dem feingehackten Rosmarin vermischt hat. Nach einer halben Stunde nimmt man sie wieder heraus und rührt das Mehl vorsichtig dazu. Dann taucht man die Portionsstücke in den Ausbackteig und bäckt sie in einer grossen Bratpfanne mit reichlich Olivenöl bei mittlerem Feuer gut durch, was ungefähr 15 Minuten dauert. Man serviert das Huhn mit Zitronenschnitzen.
Einfacher und rascher ist die Zubereitung des Pollo fritto, wenn man seine Teile zuerst im Mehl und dann in den geschlagenen Eiern wendet.

Ich frage Stella nach ihren Lieblingsgerichten; sie sagt: »Bohnensuppe mit Salbei und Knoblauch, Linsen, Saubohnen und alle Gemüse.« Heute mittag hat sie Polenta gegessen mit Öl und geriebenem Parmesan. Für Alberto hat sie im Ofen eine Dorade geschmort. Der Greis knurrt, er habe kaum die Hälfte gegessen. Wir trinken zusammen noch etwas Prosecco und begleiten dann die beiden zum Auto.
Auf dem Rückweg gehen wir bei den Olivenbäumen vorbei, wo die Ernte angefangen hat. Fünf pensionierte Männer aus Campiglia haben unter den Bäumen Netze ausgebreitet und streifen mit großen hölzernen Kämmen die Oliven von den Ästen. Die Netze werden in Plastikkörbe

geleert, die man abends zur Ölmühle bringt. Für eine Presseinheit braucht man 360 Kilo Oliven. Es ist wichtig, daß die Früchte – die meisten sind grün, es gibt aber auch dunkelrote und schwarze – nach dem Pflücken nicht lange liegen gelassen werden. Nicht mehr als drei Tage, im Idealfall nur ein paar Stunden.

Das Frantoio von Campiglia ist eine Ölmühle traditioneller Art: In der Mitte des niedrigen Raums stehen schräg zueinander zwei riesige Mühlsteine aus Granit, von denen jeder 1500 Kilo wiegt. Wenn die Oliven einer Presseinheit in den Blechtrichter geleert werden und unter den Riesenrädern zu knirschen und zu knacken beginnen, hält man fast den Atem an, so gewaltig und archaisch ist dieses unerbittliche Zermalmen, das die Früchte in 20–30 Minuten in ein feines Mus verwandelt. Es wird 3 cm hoch auf synthetische Pressmatten gestrichen, die in der Mitte ein Loch haben. Etwa dreißig von ihnen steckt man zu einem Turm auf ein Rohr und presst sie mit hydraulischem Druck, bis aus dem Fruchtmus Öl zu rieseln anfängt, eine dunkle braunrote, ziemlich dünne Sauce, die langsam in einen großen Eisenbehälter fließt. Danach folgt die Trennung des Fruchtwassers vom Öl in der Zentrifuge und aus ihr rinnt dann das junge Öl, goldgrün und trüb, in die Kanister.

Der Besitzer des Frantoio erklärt mir, wie man es probiert: Ich muß einen kleinen Löffelvoll unter die Zunge fließen lassen, damit es nach zehn Sekunden körperwarm ist, und dann von der Nase her schnaubend durch die Mundhöhle aufziehen. Dabei verbreitet sich die ganze Aromapalette des Öls im Mund, von der Bitterkeit im hintern Gaumen, die bei einem guten Öl nach kurzer Zeit verschwindet, bis zum leichten Prickeln auf der Zunge, das für unversehrte frische Früchte spricht und ebenfalls abklingen wird. Viel schwieriger sind die Geschmacksnuancen zu umschreiben, ob man es nun mit Adjektiven

wie fruchtig, blumig, mild, herb, zartsüß, grasig und pfeffrig versucht oder Vergleiche mit Artischocken, grünen Tomaten, bitteren oder süßen Mandeln, Pinienkernen, Nüssen und Kräutern bemüht. Geschmacksempfindungen entziehen sich hartnäckig der genauen Definition.
Von Ende Oktober bis Weihnachten wird in der Ölmühle Tag und Nacht gearbeitet. Ganz ohne Hektik, weil jeder Arbeitsgang seine vorbestimmte Zeit hat, die sich nicht verkürzen läßt. Alte Männer putzen die Filter und Leitungen, durch die das Öl fließt, mit langen Haken. Kunden kommen

und gehen; aber auch Leute aus dem Städtchen schauen herein, um zu sehen, wie die Arbeit läuft, und ein paar Worte zu wechseln wie in einer Bar. Die Stimmung ist zufrieden und freundlich, ein wenig gedämpft von der Müdigkeit. Wohin man greift, ist es ölig und man muß aufpassen, daß keine Spuren auf den Kleidern zurückbleiben.

Die Aufmerksamkeit darf nicht nachlassen; alles geht unter öffentlicher Kontrolle vonstatten; die Frau des Besitzers schreibt Namen und Ertrag der Kunden auf eine Liste. Die gigantischen Ölpanschereien, für welche die Toskana berüchtigt ist, passieren anderswo. In Campiglia mit seinen dreihundert Einwohnern ist erstklassiges kaltgepreßtes Olivenöl eine Lebensgrundlage. Und in der Erntezeit eine Art Tauschwährung: die Olivenpflücker lassen sich ihre Arbeit mit 6-8% der Ernte abgelten.

Zuhause probiert man das erste grüne und trübe Olivenöl mit einer Bruschetta. Dazu braucht es ein Kaminfeuer in der Küche, gutes Landbrot und viel Erfahrung und Geduld. Gerold hat den Umgang mit dem Feuer in der Toskana offensichtlich gelernt, so ruhig und aufmerksam überwacht er die Brotschnitten auf dem Rost und wendet sie im richtigen Augenblick mit der langen Zange. Wir reiben die rundum goldbraunen und knusprigen Schnitten auf einer Seite mit einer zerquetschten Knoblauchzehe ein, begießen sie mit dem fruchtigen Öl und streuen danach Salz und Pfeffer drauf.

Am nächsten Tag machen wir einen Ausflug ins älteste Industriegebiet Europas. Wir fahren ans Meer zum Golf von Baratti, einem stillen und idyllischen Ort an diesem sonnigen Novembertag. Wir spazieren über den Sandstrand am kleinen Schiffshafen vorbei und schauen zum Hügel von Populonia hinauf, wo sich ein paar Häuser um das wuchtige mittelalterliche Kastell scharen. Es ist schwierig, sich vorzustellen, daß in dieser ruhigen Bucht vor zweitausend Jahren die grösste Eisenschmelze Europas stand. Hier verarbeite-

ten die Etrusker Kupfer und Bronze der Erzberge (Colline Metallifere) des Hinterlandes und später das Eisen der Insel Elba. Neben Baratti entstand ein ausgedehntes Industriegebiet von Schmelzöfen, Familienbetrieben mit primitiven Produktionsmethoden, die die Hälfte der Erze in der Schlacke zurückließen. Als man 1914 auf die Idee kam, den Eisenschutt nochmals zu schmelzen, stieß man unter den Schlackenhügeln auf eine etruskische Totenstadt, die heute zum Teil für Besucher geöffnet ist. Ich habe vom Strand einen kleinen Brocken Etruskerschlacke mitgenommen, den ich seither als Briefbeschwerer benutze.
Abends essen wir im »Cinghiale Bianco« (Weißes Wildschwein) im mittelalterlichen Kern von Campiglia. Eine angenehme kleine Trattoria mit gutem Essen und freundlicher Bedienung. Wo der Kellner oder der Wirt wie überall in der Toskana gern plaudert, aber kein Gehör hat für die Frage nach der Zubereitung eines besonders gelungenen Gerichtes. Und falls er antwortet, ist es meistens nicht ratsam, sein Rezept ernst zu nehmen. Diesmal wäre es nur um einen Tip gegangen. Wie ist es möglich, daß ein Kaninchen so gut schmeckt, wenn es nur mit etwas Olivenöl und Rosmarin gedünstet wurde?
Später habe ich erfahren, daß es sich um ein uraltes toskanisches Rezept handelt, das als *Arrosto morto* bekannt ist. Es kommt auch bei Pellegrino Artusi vor, dessen Standardwerk *La scienza in cucina e l'arte di mangiar bene* im Einaudi Verlag als 700-seitige Klassikerausgabe vorliegt. Artusi schreibt dazu: »Ihr werdet einen Braten kosten, der weder den Duft noch das Aroma desjenigen hat, der am Spieß zubereitet wurde; dafür ist er sehr zart und delikat.« Der seltsame Name »toter Braten« kommt wahrscheinlich vom Gegensatz zwischen dem Braten, der am Spieß über einem ›lebendigen‹ offenen Feuer gedreht wird, und der Zubereitung im zugedeckten Brattopf, die mit einem Minimum an Flüssigkeit auskommt.

CONIGLIO ARROSTO MORTO

Gedünstetes Kaninchen

1 junges zartes Kaninchen
Salz
4 Eßlöffel Olivenöl
4-5 Knoblauchzehen
reichlich Rosmarin
1 Glas Weißwein

Man schneidet das Kaninchen in Portionsstücke, die gut gewaschen und abgetrocknet werden, legt sie in den Brattopf und läßt auf kleinem Feuer einen Teil des Wassers, das im Kaninchenfleisch enthalten ist, verdampfen. Darauf gibt man das Olivenöl in den Topf und läßt das Fleisch darin durchziehen, ohne es anzubräunen. Nun salzt man und fügt die Knoblauchzehen, die Rosmarinzweige und das Glas Wein bei und läßt alles auf kleinem Feuer 1–1 1/2 Stunden zugedeckt garen. Wenn sich das Fleisch an den Knochen zurückzieht, ist es gar: Im Topf sollte nur noch ganz wenig Flüssigkeit zurückbleiben.
P.S. Sehr fein schmeckt dieses Kaninchen auch, wenn man ihm 10 Minuten vor dem Ende der Kochzeit eine Tasse entsteinter schwarzer Oliven beigibt.

EINE VILLA AUS WEISSEN BOHNEN

Die Hülsenfrüchte in Theorie und Praxis

In keiner anderen Provinz Italiens ißt man so gern Hülsenfrüchte wie in der Toskana. Weiße Bohnen und Kichererbsen stehen das ganze Jahr hindurch auf dem Speisezettel: als Beilage zu Steak, Perlhuhn und Kaninchen oder als pürierte cremige Suppe mit einer Einlage von Pasta. Um den Hausfrauen die Mühe des Einweichens und Kochens zu ersparen, bieten Lebensmittelgeschäfte oder Bäckereien Bohnen und Kichererbsen bereits gekocht, samt Kochflüssigkeit in großen Töpfen an. Daß die Bohnen eine Leidenschaft der Toskaner sind, sieht man auch auf den Märkten und beim Civaiolo – so heißt der Laden, der nur Hülsenfrüchte und Getreide verkauft. Die Vielfalt des Angebots ist verwirrend. Bei den Bohnen gibt es zum Beispiel die dunkelroten länglichen Fagioli di Lucca, die gesprenkelten Borlotti, die großen weißen Spagnuoli, die Piattelli und die Piattellini, die blaßgelben Zolfini, die Toscanelli, die beliebten länglichen Cannellini und die kleinen weißen, hochgeschätzten Fagioli di Sorana, die nur im Val di Pescia in der Nähe von Montecatini angepflanzt werden.

Vielleicht gibt es so viele verschiedene Bohnensorten in der Toskana, damit ihre Bewohner immer ein Thema zum Streiten haben, auch dann, wenn alle politischen Skandale bereits besprochen sind.

Stoff zum Diskutieren bietet auch die richtige Kochmethode der weißen Bohnen, deren Regeln trotz jahrhun-

dertealter Praxis immer noch umstritten sind. Vor allem der Zeitpunkt des Salzens kann jederzeit hitzige Kontroversen entfachen. Die Realisten sind für maßvolles Salzen am Anfang, die Fundamentalisten erlauben es erst am Ende des Kochvorgangs, und die Liberalen plädieren für eine Zwischenlösung. Über das beste Kochwasser wird ebenfalls gefachsimpelt: Der Metzger schwört auf Quellwasser; ein Kunde, der offensichtlich in den Wolken lebt, auf Regenwasser, und eine praktische Hausfrau empfiehlt Mineralwasser. Ein vernünftiger Zeitgenosse gibt zu bedenken, daß die meisten Leute Wasser aus dem Hahn verwenden; obwohl es – vor allem in Florenz – nach Chlor riecht. Angesichts der langen Kochzeit spiele das aber keine Rolle.
Mein Rezept stammt aus der Familie von Mazzino Montinari und soll dem großen Nietzsche-Forscher immer gut geschmeckt haben.

FAGIOLI ALLA FIORENTINA

Weisse Bohnen nach Florentiner Art

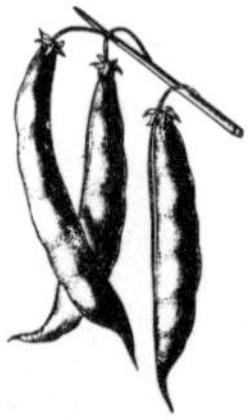

400 g getrocknete weiße Bohnen
(Cannellini oder Toscanelli)
2 ungeschälte Knoblauchzehen
1 Rosmarinzweig
1 Lorbeerblatt
Salz
Olivenöl
frischgemahlener schwarzer Pfeffer

Man weicht die Bohnen über Nacht 8-10 Stunden in reichlich kaltem Wasser ein, gießt am andern Tag das Einweichwasser ab und gibt die Bohnen mit frischem Wasser in einen möglichst hohen schmalen Topf, in dem die Bohnen – ich weiß nicht warum – am gleichmässigsten kochen. Man fügt einen Schuß Olivenöl, die ungeschälten Knoblauchzehen, den Rosmarin und das Lorbeerblatt bei und achtet darauf, daß das Wasser mindestens 5 cm über den Bohnen steht. Man setzt den Deckel auf und bringt das Wasser auf mittlerer Hitze zum Sieden. Dann läßt man auf der kleinsten Hitzestufe köcheln, bis die Bohnen weich sind. Das dauert je nach der verwendeten Bohnensorte 30–40 Minuten. Ist es nötig, Flüssigkeit nachzugießen, verwendet man heißes Wasser. Kurz vor dem Ende der Kochzeit salzt man die Bohnen und läßt sie bis zu ihrer weiteren Verwendung in der warmen Kochflüssigkeit.

Für mich sind diese *Fagioli alla fiorentina* eines der ganz großen Gerichte der toskanischen Küche – auch ohne Fleischbeilage. Man würzt sie mit Pfeffer und begießt sie mit Olivenöl. Als Begleitung genügt ein Glas Wein und ein Stück Brot, um das Olivenöl aufzutunken. Dabei ist es nicht nötig, daß Öl und Bohnen vom gleichen Landwirtschaftsbetrieb stammen, wie heute snobistische Gastronomiekritiker dozieren – im Namen einer längst vergangenen *Cucina del Territorio.*
Ich bin keine Expertin der verschiedenen Bohnensorten, glaube aber, daß die kleinen weißen Bohnen am besten schmecken, heißen sie nun Cannellini, Toscanelli oder Piattellini. Am delikatesten schmecken sie im August, wenn sie noch ganz zart und dünnhäutig aus der Schote kommen. Dann braucht man sie weder einzuweichen noch lange zu kochen. Im Lauf der Monate werden sie immer trockener, und wenn sie einmal älter als ein Jahr sind, platzt ihre Haut auch beim vorsichtigen Kochen häufig; sie splittern und werden nicht mehr ganz weich. Auf den toskanischen Märkten kann man aber sicher sein, daß die Hülsenfrüchte von der letzten Ernte stammen. Das garantiert kein Datumstempel, sondern der Respekt vor dem Kunden.

Gekochte weiße Bohnen sind auch die Grundlage anderer toskanischer Klassiker wie die Bohnen-Dinkelsuppe *(Gran farro)*, die Bohnen-Brotsuppe *(Ribollita)* und die exquisiten

FAGIOLI ALL'UCCELLETTO
Weiße Bohnen mit Salbei und Tomaten

400 g Cannellini
300 g Tomaten oder eine mittlere Dose Pelati
5–8 Salbeiblätter
2 Rosmarinzweige
4 Knoblauchzehen
Salz und Pfeffer
Olivenöl

Man kocht die Bohnen wie im vorangegangenen Rezept mit der Hälfte der Salbeiblätter, des Rosmarins und des Knoblauchs. Dann erhitzt man Öl in der Bratpfanne und dünstet darin den zerquetschten Knoblauch und gibt etwas später die Salbeiblätter und den Rosmarin bei. Man fügt die Tomaten, die abgetropften Bohnen und einen Teil des Kochwassers bei, würzt mit Salz und Pfeffer und läßt bei kleiner Hitze 15 Minuten köcheln. Wenn nötig, noch mit Kochwasser verdünnen und heiß servieren.
All'uccelletto – nach Vögelchenart – heißt dieses Gericht wegen der Salbeiblätter, die in der Toskana vor allem wichtig sind für die Zubereitung von Wildvögeln, die zusammen mit Salbeiblättern am Spieß gebraten werden.

Bistecca del contadino, hat man früher die Bohnen genannt, weil sie reich an Proteinen sind, und so entbehrt es nicht einer gewissen Logik, daß Dario Cecchini, der Metzger in Panzano, sich seit einigen Jahren auch mit dem Anbau von

Bohnen beschäftigt. Dabei geht es ihm vor allem darum, auf die alten qualitätsreichen Sorten zurückzugreifen, die aus der Gegend verschwunden sind, weil sie sich nicht maschinell ernten lassen. Im Schwemmgebiet des Valdarno hat er drei Hektar Felder, auf denen er zusammen mit einem Agronom erstklassige Bohnen züchtet. Wir haben mit ihm im Juni einen Ausflug in die Umgebung von Reggello gemacht und die riesigen Flächen mit ihren verschiedenen Grüntönen gesehen. Stolz ist Cecchini vor allem auf seine *Zolfini* mit ihrer feinen Haut und dem zarten Fleisch, das keine lange Kochzeit braucht. Seine Augen leuchten aber auch, wenn er uns ein Körbchen mit *Coco bianco valdarnese* zeigt und die runden schneeweißen Bohnen durch die Finger rieseln läßt, eine Sorte, die man seit dreißig Jahren auf keinem Markt mehr sieht. Heute kann man sie bei Cecchini wieder kaufen. Für teures Geld. Man sagt, daß er sich aus dem Erlös der weißen Bohnen eine zweite Villa gebaut habe.

Ein Kilo Zolfini kostet in seiner Metzgerei 20 000 Lire, fünfmal mehr als die Cannellini auf den Märkten: Das Fleisch der Armen ist zum Luxus der Reichen geworden. Oder genauer: es gibt keine vernünftige Relation mehr zwischen Qualität und Preis. Massimo, mit dem ich nach der Bohnenexkursion nach San Casciano zurückfahre, sagt: »Was willst Du? Der Tourismus kommt unserer toskanischen Eßkultur zugut. Ohne die reichen Snobs aus Amerika und Nordeuropa könnten Metzger wie Dario Cecchini und Köche wie Fabio Picchi in Florenz oder Gianni Brunelli in Siena nicht existieren. Daß es sie gibt, ist aber auch für uns wichtig. Wir profitieren von ihren Ansprüchen an die Produzenten. Ohne Cecchini gäbe es weniger Chianina-Rinder und keine alten Bohnensorten mehr, und seit das Ristorante Cibrèo neben dem Markt von Sant'Ambrogio eröffnet wurde, verkaufen dort wieder mehr Bauern ihr Gemüse. Und Hühnerköpfe und -hälse werden nicht mehr fortgeworfen , sondern Fabio Picchi geliefert, der sie seinen Gästen mit einer feinen Füllung serviert.«

»Und wo werden eigentlich die Hülsenfrüchte in der Toskana angebaut?« Massimo lacht über meine naive Frage. »Die Toscanelli kommen aus den USA, die Cannellini aus Argentinien und Südamerika, die Linsen aus Israel und die dicken Saubohnen aus Sizilien, obwohl sie auf toskanischen Böden gut gedeihen würden. Die toskanische Produktion ist so bescheiden, daß sie den Bedarf nicht annähernd deckt. Die Drittweltländer produzieren eben billiger. Du mußt dich nur ein wenig umschauen; dann siehst du, daß es hier keine autarke Landwirtschaft mehr gibt, sondern nur Monokulturen: Wein, Oliven, Weizen, nebst Tabak und Sonnenblumen, die wenig Arbeit machen und von der EU subventioniert werden.«

Kurz vor unserem Reiseziel halten wir auf einem Basalt-Plateau, das einen weiten Ausblick in die Hügellandschaft am Südrand der Provinz Siena bietet. Mein gebildeter Freund sagt, hier könne man »die Landschaft lesen«. Zerfallene Gehöfte mit von Gras und Sträuchern überwachsenen Terrassierungen, wo einst Gemüse angebaut wurde; hie und da Rebberge mit Betonpfählen und breiten Gassen für die Maschinen, die alle Arbeit verrichten; viele Wiesen mit weidenden Schafen, aber auch verkarstete Abhänge und überall der langsam vordringende Wald wie in der Spätantike. Die verödete Agrarlandschaft spiegelt den Zusammenbruch der wirtschaftlichen und sozialen Strukturen, der zwischen 1950 und 1960 die Toskana radikal veränderte. Das jahrhundertealte System der Halbpacht wurde 1962 abgeschafft, was den Bauern nichts brachte, da sie kein Geld hatten, um ihren Gutshof zu kaufen. Und auch als Landarbeiter wurden sie überflüssig, weil die Mechanisierung ihre Arbeitskraft zum großen Teil ersetzte. Sie wanderten in die Städte ab, vor allem die jungen Leute.

Von 1940 bis 1990 fiel der Anteil der in der Landwirtschaft Beschäftigten von 42 auf 12 Prozent. Die meisten Erwerbstätigen sind heute im Dienstleistungssektor und in der Industrie beschäftigt.
So weit Massimo. Wir fahren weiter nach San Casciano dei Bagni, wo wir das Auto auf einem Parkplatz unterhalb der Stadtmauer abstellen. Die Via del Filosofo im mittelalterlichen Stadtkern, wo wir zum Abendessen erwartet werden, versteckt sich im Gassengewirr hinter dem Dom. Bruna Petrocchi, die Gastgeberin, führt uns zum Aperitif in die Küche, wo sie auf dem großen Marmortisch Nudelteig ausrollt und in Streifen schneidet. Diese Nudeln werden wir bald in der Kichererbsensuppe essen, die sie mir versprochen hat. Im Eßzimmer warten auf uns drei Zahnärzte, der Vater Cesare und zwei seiner Söhne, die den Beruf des Vaters ergriffen haben; der jüngste Sohn besucht noch das Gymnasium und sagt mir keck, ich sollte sie öfters besuchen: die *Minestra di ceci* sei seine Lieblingssuppe.

MINESTRA DI CECI
Kichererbsensuppe

200 g getrocknete Kichererbsen
200 g frische Nudeln oder 100 g Hartweizenpasta
Olivenöl
2 Knoblauchzehen
1 Rosmarinzweig
1 Dose Pelati (250 g)
Salz, Pfeffer

Die über Nacht eingeweichten Kichererbsen kocht man in 2 Litern kaltem Wasser während etwa zwei Stunden weich. Dann salzt man sie und püriert sie mit dem Mixer. In einem anderen

Topf erhitzt man Olivenöl, gibt die gehackten Knoblauchzehen und den Rosmarin dazu und dünstet beides sorgfältig durch. Man gibt die Pelati bei, würzt mit Salz und Pfeffer und läßt ein paar Minuten leise kochen. Dann gibt man das Kichererbsenpüree dazu, läßt aufkochen und fügt die frische Pasta bei, die man etwa 2 Minuten kocht, bis sie an die Oberfläche steigt. Sehr gut schmeckt die Suppe auch, wenn man nur zwei Drittel püriert und den Rest ganz läßt, was die Suppe in der Konsistenz interessanter macht. Man träufelt über jede Portion 1 Eßlöffel Olivenöl oder stellt ein Ölkännchen zur Selbstbedienung auf den Tisch.

P.S. Anstatt frische Nudeln kann man auch 100 g Hartweizenpasta (kleine Rigatoni, Ditalini oder in Stücke gebrochene Spaghetti) verwenden, indem man die auf der Packung angegebene Kochzeit auf die Hälfte reduziert, damit sie in der heißen Suppe nicht zu weich werden.

Die Kichererbsen haben ein wunderbar kräftiges und ausgeprägtes Aroma, das man nicht so leicht wieder vergißt. Cesare Petrocchi hält sie für die gesündesten Hülsenfrüchte, und er würde lieber auf alle Pastagerichte der Welt verzichten als auf die Ceci. Daß man sie mit einer Pasta-Einlage kombiniert, hat nicht nur gastronomische, sondern auch diätetische Gründe, wie er uns erklärt: Die Proteine der Hülsenfrüchte werden vom Körper besser assimiliert, wenn man dazu etwas ißt, was viele Kohlehydrate enthält. Darum kocht man auch die Bohnensuppe mit Teigwaren, Reis oder Dinkel, die Linsen mit getrockneten Kastanien, die Ackerbohnen mit Mais oder Gerste. etc. Das Spektrum der möglichen Kombinationen wird fast unbegrenzt, wenn man weiß, daß diese Suppen auch mit Gemüsen gut schmecken und daß sie mit Speck und Schinken ebenso harmonieren wie mit Muscheln, Crevettes und Fischen.

Das beste toskanische Linsengericht habe ich von Sibylle, die sich allerdings nie damit begnügt, ein traditionelles Rezept, dem sie irgendwo in der Toskana oder in der Karibik begegnet ist, ein bißchen reicher, eine Spur raffinierter, um einen Hauch spitzfindiger zu machen, oder auch einen Widerhaken, ein Zitat früherer Erfahrungen einzufügen, die, wenn alles gutgeht, eine Speise apart und wunderbar verwandeln. Für die Linsen mit Steinpilzen, die sie zubereiten will, stehen in ihrem Küchenschrank in Serrazano vier verschiedene Sorten zur Wahl. Sie läßt mir aber keine Zeit, die verschiedenen Linsen anzuschauen, sondern entscheidet sich aus Intuition oder Erfahrung blitzschnell selber, hackt in Windeseile Karotte, Sellerieblätter, Zwiebel und Petersilie, dünstet das Gehackte im Öl, gibt die Linsen dazu, löscht mit Wein, Fleischbrühe ab, und gibt die vorher eingeweichten und gehackten Steinpilze bei. Nun erst beginnt das Spiel mit den möglichen Varianten: gebratener Speck, Rahm und Tomatenpüree, das in der toskanischen Küche als eine Art alchemistische Essenz geschätzt wird. Weil ich hungrig bin, gelingt es mir, die Köchin zu überzeugen, daß es nicht nötig ist, alle Varianten durchzuprobieren; die vier wichtigsten genügen, und beim Essen einigen wir uns rasch darauf, daß nur der Speck eine echte Bereicherung des Linsengerichtes ist.

LENTICCHIE CON PANCETTA E FUNGHI PORCINI
Linsengemüse mit Speck und Steinpilzen

250 g Linsen
1 Zwiebel
2 Karotten
1/4 Sellerie
Petersilie
20–30 g getrocknete Steinpilze
3 dl Weiß- oder Rotwein
3 dl Fleisch- oder Gemüsebouillon
150–200g Pancetta oder Speck
Olivenöl, Salz, Pfeffer

Man brät den Speck oder die Pancetta, klein geschnitten, im heißen Öl, gibt Zwiebel, Karotte, Sellerie und Petersilie, alles fein verwiegt, dazu, dünstet alles gut durch, gibt die Linsen dazu und löscht mit dem Wein und mit der Bouillon ab. Die im lauwarmen Waßer eingeweichten Steinpilze schneidet man klein und fügt sie zu den Linsen. Nach 10–20 Minuten Kochzeit schmeckt man mit Salz und Pfeffer ab.

AN DER QUELLE DER KOCHKUNST

Nachrichten aus dem Gemüseparadies

Ursprünglich waren die Crostini keine Vorspeise, sondern das Mittagessen der Bauern und Feldarbeiter: Brotschnitten, die man mit Knoblauch bestrich, eine halbe Tomate darauf zerdrückte und mit Salz, Pfeffer und ein paar Tropfen Öl würzte. Im Winter bestrich man das Brot nur mit Tomatenextrakt, und wenn ein Kalb oder ein Rind geschlachtet wurde, verarbeitete man seine Milz zum würzigen Aufstrich. Ein Festessen waren dagegen die *Crostini di fegatini di pollo* – die Hühnerlebertoasts –, die noch heute sehr beliebt sind. Darum gibt es wahrscheinlich in der ganzen Toskana kein Restaurant, in dem sie auf der Speisekarte fehlen. Man findet sie unter den Vorspeisen, und ihre ländliche Herkunft zeigt sich darin, daß sie meist so groß sind, daß man danach höchstens noch einen Salat essen kann. Ich bin ihnen deshalb immer aus dem Weg gegangen. Bis ich bei Maria Rosa die zierlichen Crostini gegessen habe, die ihre über achtzigjährige Nachbarin für sie zubereitete. Ob es an den Crostini oder am kräftigen trockenen Vino nobile di Montepulciano von Vittorio lag, – unser Appetit war danach größer als zuvor.

Am nächsten Tag haben wir Amelia Sodi einen Besuch gemacht. Sie sitzt in in ihrer blitzsauberen kleinen Stube, von der man weit hinaus ins Hügelland der Toskana südlich von Siena sieht. Hie und da steht sie auf, um in der Küche das Mittagessen für ihren Enkel zu überwachen. Dann setzt sie sich wieder und erzählt mir von ihrem Rezept der

CROSTINI DI MILZA E DI FEGATINI

Brotschnitten mit Milz und Hühnerleber

400 g Kalbsmilz
2 Hühnerlebern
1 Sträußchen Petersilie
2 Knoblauchzehen
Olivenöl, Fleischbrühe
Salz, Pfeffer
2 Eßlöffel Kapern
2 Sardellenfilets
3–5 Eßlöffel trockener Marsala
1–2 Teelöffel Tomatenpüree

Das alte Rezept schreibt viel Kalbsmilz und wenig Leber vor, was die ländliche Ökonomie spiegelt, wo die nützlichen Hühner selten geschlachtet wurden, die Milz dagegen beim Metzger billig zu kaufen war. Gleichzeitig hieß das, aus der Not eine Tugend machen: Die Milz nimmt den intensiven Lebergeschmack auf und macht den Aufstrich durch ihre lockere Konsistenz weicher und saftiger. Amelia läßt sich Milz und Hühnerlebern vom Metzger zweimal mit der Maschine hacken. Dann wiegt sie Petersilie und Knoblauch so fein als möglich und dünstet die Mischung im heißen Olivenöl gut an. Dieses Soffritto, sagt sie, macht die Poesie der Crostini aus.
Darauf gibt sie Milz und Hühnerleber bei und dünstet auf kleinem Feuer 20 Minuten weiter, wobei sie etwas Fleischbrühe und später Marsala zugibt, damit die Mischung leicht flüssig bleibt. Am Ende fügt sie die Kapern und die Sardellen bei, beide gewaschen und gehackt, und dünstet weiter. Es ist wichtig, daß man den Aufstrich so lange auf dem Feuer behält, bis der Blutgeschmack der Milz sich ganz verflüchtigt hat. Zu diesem Zweck kann man auch etwas Tomatenpüree beigeben.

Amelia sagt, es sei nicht möglich, bei dieser einfachen Zubereitung feste Regeln und genaue Zutaten anzugeben; das Wichtigste sei, daß man den Kochprozeß ständig überwache und wenn nötig korrigiere. Aus diesem Grund gibt sie nie alle Kapern auf einmal bei, sondern zuerst nur die Hälfte, nach ein paar Minuten prüft sie das Aroma und fügt dann je nachdem noch den Rest zu. Und mit Salz und Pfeffer würzt sie erst zuletzt, weil sich dann manchmal zeigt, daß Kapern und Sardellen fürs nötige Salz schon gesorgt haben.

So vertrauenerweckend dieses Rezept ist, in seiner präzisen Wahrnehmung des Unpräzisen, Zufälligen und Wandelbaren, das zum Kochen gehört, – ausführen läßt es sich nur am Mittelmeer.
Nördlich der Alpen verkaufen die Metzgereien seit langem keine Milz mehr, höchstens noch am Dienstag auf Bestellung im Schlachthaus. Was nicht viel hilft, da man frische Hühnerleber aus irgendwelchen vertriebstechnischen Gründen oft nur am Freitag bekommt. Dann ist die Milz aber schon vier Tage alt, so daß einem nichts anderes übrig bleibt, als sich mit reinen Hühnerlebercrostini zu begnügen. Von Cinzia in Florenz habe ich ein einfaches und gutes Rezept bekommen.

CROSTINI DI FEGATINI

Brotschnitten mit Hühnerleber

300 g Hühnerleber
1 große Zwiebel
Olivenöl, Salz, Pfeffer
1 dl Weißwein, 1 dl Fleischbrühe
1–2 Eßlöffel Kapern
2–3 gewässerte Sardellen

Man brät die Leber zusammen mit der feingehackten Zwiebel im heißen Öl an, löscht mit dem Weißwein ab, läßt einige Minuten köcheln und gibt, wenn die Mischung zu trocken ist, noch etwas Fleischbrühe bei. Dann fügt man die gewaschenen und gehackten Kapern und Sardellen hinzu, vermischt alles gut, läßt etwas abkühlen und zerkleinert mit dem Pürierstab oder im Mixer. (Wenn man den Aufstrich nicht zu fein mag, kann man die Lebern, bevor man Kapern und Sardellen beifügt, auch mit einem Messer so fein als möglich hacken und dann wieder in die Pfanne zurückgeben.) Man röstet dünne Weißbrotscheiben im Backofen oder im Toaster, bestreicht sie mit der Paste und halbiert oder viertelt sie je nach Bedarf.

Vom Frühling bis zum Herbst trifft man Amelia gegen Abend meistens in ihrem Gemüsegarten beim Jäten, Hacken oder Gießen. Ihr Garten ist so schön geordnet wie ihrer Stube, obwohl alles reich und üppig wächst. Aus lebenslanger Erfahrung kennt sie die Bedürfnisse der Pflanzen so genau, daß sie jeder genug Platz anweist: Nur die Zucchini überwuchern manchmal die schmalen Wege oder drängen sich hemmungslos zwischen die Tomatenstöcke. Amelia pflückt die Zucchini wie alle Italiener unreif und klein, bevor sich ihre Samen entwickeln. Sie sehen aus wie Havannazigarren. Ihr Fleisch ist fest und aromatisch, nicht wäßrig wie die großen Exemplare, die man auf unseren Märkten nicht kaufen sollte.
Beim Abschiedsbesuch im letzten Sommer schenkte mir Amelia ein Körbchen mit frisch gepflückten Zucchini und erkundigte sich beiläufig, wann ich zuhause ankomme. Ich sagte: »Morgen abend; ich übernachte in Florenz.« Auf ihrem Gesicht malt sich Enttäuschung und Mitleid: »Wissen Sie nicht, daß man die Zucchini am gleichen Tag essen muß, an dem man sie erntet? Am nächsten Tag schmecken sie nach nichts mehr.«
Wenn es um Naturprodukte geht, steigert man in der Tos-

kana das Prinzip der totalen Frische ins Utopische. Meine eigene Erfahrung: ich habe Amelias Zucchini drei Tage später in einer Frittata gegessen, die wunderbar intensiv nach dem zarten Gemüse schmeckte.

FRITTATA DI ZUCCHINI
Zucchini-Omelett

400 g Zucchini
4 Eier
1 Knoblauchzehe
6 kleine Zweige Majoran (oder Basilikumblätter)
50 g geriebener Parmesan
Olivenöl, Salz

Man schneidet den Knoblauch in dünne Scheibchen, die man im Öl andünstet. Dann gibt man die Zucchini bei, die man in dünne Scheibchen geschnitten hat und gart sie 5-10 Minuten, zuerst auf großem, dann auf kleinem Feuer. Wenn sie hellgelb sind, streift man die Majoranblättchen von den Zweigen und streut sie über das Gemüse. Man schlägt die Eier in einer Schüssel, vermischt sie mit dem Parmesan, leert sie in die Pfanne zu den Zucchini und läßt sie auf der Unterseite fest werden. Dann wendet man das Omelett mit Hilfe des Deckels und brät es auf der andern Seite so sorgfältig, daß es zart und luftig bleibt.

Amelia verwendet in ihrer Küche nicht nur die Früchte und die Blüten der Zucchini; am Ende der Saison schneidet sie auch die zarten Blätter und Triebe der Pflanzen und kocht sie als Gemüse oder als Suppe zusammen mit Kartoffeln, Tomaten, Knoblauch und Olivenöl. Unter der Bezeichnung *Tenerume* (zartes Zeug) werden sie auch auf Gemüsemärkten angeboten.

Daß in der Italien viel Gemüse gegessen wird, hat einen ganz einfachen Grund: Hier schmeckt das Gemüse besser als anderswo. Kein anderes europäisches Land hat ein so günstiges Klima für die Landwirtschaft und eine so reiche Palette verschiedener Gemüsesorten. Max, der lange in der Toskana gelebt hat, erklärt mir, daß Schweizer Lauch eine weniger dichte Gewebestruktur hat und mehr Wasser enthält als ein italienischer. Deshalb sei er schneller gekocht, aber fad im Geschmack. Das gleiche gelte für andere Gemüse und auch für das Fleisch von Kaninchen oder Hühnchen; in der Schweiz müsse man ihre Garzeit um ein Drittel reduzieren und die Enttäuschung auf der Zunge einplanen.

Die Zeit ist allerdings auch in der Toskana nicht stillgestanden; das merkt man vor allem bei den Tomaten, die nicht mehr schmecken wie einst. Kein Wunder: Italien ist nach den USA der zweitgrößte Tomatenproduzent der Welt; die Agrar-Ingenieure sind seit Jahren am Werk und haben haltbarere, größere und selbstbestäubende Sorten entwickelt. Das reiche und köstliche Aroma, süß mit einem Hauch von Säure, ist dabei verlorengegangen. Glatte und gleichmäßig große Tomaten schmecken in Italien fast so fad wie in Spanien oder Deutschland. Bei kürbisförmigen Tomaten mit tiefen Rillen besteht Hoffnung auf intensiveren Geschmack. Immer beliebter sind in den letzten Jahren die kleinen süßen Cherry-Tomaten geworden, die man in Italien *Pomodorini* nennt. Neuerdings bekommt man sie auch in Dosen, was vermutlich ein Indiz dafür ist, daß die Produzenten wieder anfangen, den Geschmack der Kunden etwas ernster zu nehmen.

In Amelias Gemüsegarten ist die Welt noch in Ordnung. Sie zieht ihre Tomatenpflänzchen aus dem Samen, den sie aus ihren reifen Tomaten sorgfältig auswählt und an der Sonne trocknet. *Cuore di bue* – Ochsenherz – heißt ihre bevorzugte Sorte: sie ist korallenrot und dünnschalig. Aus ihnen kocht sie im Sommer die *Pappa al pomodoro*, eines der fabelhaftesten Gerichte der ländlichen Toskana: Es ist keine Suppe, sondern ein lockerer, feuchter Brei, den man warm, lauwarm oder kalt eßen kann. Mit der Gabel, nicht mit dem Löffel.

PAPPA AL POMODORO
Tomaten-Brotsuppe

1 Zwiebel
1 Stück Stangensellerie
1 Karotte
4 Knoblauchzehen
etwa 2 dl Olivenöl
etwa 1 kg reife Tomaten oder Pelati
Salz
gemahlener Peperoncino
etwa 400g altbackenes Landbrot
(am besten aus dem Holzbackofen)
reichlich Basilikum

Amelia sagt, genaue Mengenangaben seien bei dieser Suppe nicht möglich, weil man nicht wiße, wieviel Flüßigkeit die Tomaten enthielten und wie trocken das altbackene Brot sei. Deshalb bereitet sie reichlich Tomatensauce zu, der man dann soviel Brot beifügen kann, bis die Pappa die richtige Konsistenz hat.

Man dünstet Zwiebel, Stangensellerie und Karotte, alles fein gehackt, im heißen Öl langsam und sorgfältig durch, bis das Soffritto eine goldbraune Farbe hat. Dann gibt man die durchpassierten Tomaten dazu, würzt mit Salz und Peperoncino und läßt 20 Minuten auf kleinem Feuer kochen. In dieser Zeit schneidet man das Brot und legt es in eine kleine Schüssel mit kaltem

Wasser. Wenn es weich geworden ist, drückt man es sorgfältig aus, indem man es wie für die Panzanella zwischen den Handflächen reibt. Man fügt es zur kochenden Tomatensauce und vermischt alles, indem man die Suppe mit dem Schneebesen cremig schlägt. Dann läßt man sie noch zehn Minuten auf kleinem Feuer köcheln und vergißt nicht, hie und da zu rühren.

Den Knoblauch schneidet man sehr klein; das Basilikum zerzupft man von der Hand. Man fügt sie der Pappa bei, nachdem man diese vom Feuer gezogen hat, würzt mit Salz und Peperoncino nach und gibt unter kräftigem Rühren das restliche Öl bei. Man läßt die Pappa al pomodoro mindestens eine halbe Stunde abkühlen, bevor man sie serviert. Sie schmeckt auch bei Zimmertemperatur ausgezeichnet.

P.S. Es gibt hundert verschiedene Methoden, dieses leuchtend rote und kräftig gewürzte Gericht zu kochen und neunundneunzig davon führen zum Erfolg. Zwei Einschränkungen sind zu machen. Mit industriellem Brot vom Supermarkt geht es nicht, weil es die Pappa klebrig oder schlüpfrig macht. Der Knoblauch, der nicht gekocht, sondern erst dem heißen Gericht beigefügt wird, entwickelt einen herlichen intensiven Geschmack, der nur im Kreis der Tischgenossen nicht stört. Man kann ihn deshalb auch ganz am Anfang dem Soffritto beifügen.

GIANNA NANNINIS APFELKUCHEN

Und ein paar andere süße Entdeckungen

In der italienischen Küche spielen Süßspeisen und Gebäck eine kleinere Rolle als in Deutschland oder Frankreich. Das beweist ein kurzer Blick in die wichtigen Kochbücher dieser Länder. Ada Bonis Kochbibel *Il talismano della felicità* Talisman des Glücks) widmet den Desserts von ihren 1120 Seiten nur gerade 200 Seiten, also nicht einmal ein Fünftel, während Elisabeth Fülschers in Zürich erschienener *Führer zur Kochkunst* für die Süßspeisen 230 Seiten benötigt und den ganzen Rest auf 360 Seiten abhandelt.

Der Hauptgrund für diesen Sachverhalt sind die vielen süßen Früchte, die in Italien das ganze Jahr hindurch reifen und erntefrisch auf den Tisch kommen; man denke nur an Kaki, Nespole, Granatäpfel, Kaktusfeigen, Mandarinen, Orangen und Zitronen, die im Winterhalbjahr den Winter vergessen laßen und die Lust nach Süßem auf gesunde Weise stillen. Ein junger Photograph hat mir das vor Jahren einmal erklärt und locker beigefügt, das sei schließlich auch der Grund, warum die Italiener schöner seien als die Nordländer.

Backen ist in Italien auch nicht so häufig wie bei uns, weil man bei festlichen Gelegenheiten den Kuchen gern beim Konditor kauft.

Am Sonntag sind in Florenz alle Pasticcerie bis 14 Uhr geöffnet und man sieht auf den Straßen zufriedene Menschen mit sorgfältig eingepackten und verschnürten Paketen auf dem Weg zum Mittagsmahl im Familien- oder Freundeskreis. Auch Eis wird selten zuhause hergestellt, sondern in der Gelateria geholt. Oft ist das Gelato auch ein willkommener Vorwand, nach dem Abendessen einen Spaziergang zu jener Eisdiele zu machen, wo man im Moment das beste Eis bekommt.

Anders sind die Verhältnisse, wenn man eine Köchin hat wie die Familie Piccolomini, deren Ahnherr Enea Silvio 1458, nach seiner Wahl zum Papst Pius II., sich selber ein Denkmal setzte, indem er an seinem Geburtsort die kleine Renaissance-Stadt Pienza erbauen ließ. In Pienza habe ich die Signora Rosella kennengelernt, die viele Jahre bei Piccolominis Köchin war; heute kocht sie im Ristorante Latte di Luna, das ihr Sohn führt. Sie hat mir freundlich und genau das Rezept ihres *Semifreddo di arancio* erzählt, das in der ganzen Gegend berühmt ist.

SEMIFREDDO DI ARANCIO
Halbgefrorenes mit Orangen

3 Eier
100 g Zucker
2,5 dl Sahne
75 g kandierte Orangenschalen
4 Löffel Grand Marnier

Man rührt die Eigelbe mit dem Zucker, bis sie schaumig und hellgelb sind und der Zucker ganz aufgelöst ist. Dann gibt man die in sehr feine Streifchen geschnittenen Orangenschalen und den Grand Marnier bei. Nun hebt man sorgfältig die steif geschlagene Sahne unter und zuletzt das zu Schnee geschlagene Eiweiß. Man gibt das Semifreddo in einer mit Pergamentpapier ausgelegte Keksform oder in Portionenförmchen ins Tiefkühlfach.

Analog dazu wird auch ein Halbgefrorenes aus Haselnüssen zubereitet, das sehr gut zum Orangenaroma des obenstehenden Rezeptes paßt.

SEMIFREDDO DI NOCCIOLE

Halbgefrorenes mit Haselnüssen

3 Eier
100 g Zucker
2,5 dl Sahne
150 g geriebene Haselnüße
2 Meringue-Schalen

Man verrührt wie beim vorangegangenen Rezept die Eigelbe mit dem Zucker und schlägt das Eiweiß und die Sahne steif. Die Haselnüsse vermischt man mit der Sahne, darin verrührt man vorsichtig die Ei-Zucker-Masse. Zuletzt hebt man den Eischnee unter, rührt kurz die zerbröckelten Meringues dazu und läßt die Masse in einem geeigneten Gefäß tiefkühlen.

Die meisten toskanischen Kuchen gehören zum Ritual der kirchlichen Feiertage, an Weihnachten dominiert das Gebäck aus Siena: Panforte, Ricciarelli, Cavallucci und Copate, alles trockene, honigsüße und reich gewürzte Wunderwerke der Konditorkunst, die in der Toskana und in Italien nicht ihresgleichen haben. Ihre Rezepte, die Zutaten wie Anis und Koriandersamen, kandierte

Melonen, Orangen oder Zitronen und kaum Mehl enthalten, sind aus dem Mittelalter überliefert. Ihre Zubereitung sollte man den Zuckerbäckern überlassen, die sie heute rund ums Jahr herstellen, weil die Toskaner und die Touristen ohne sie nicht leben können.
Auch der Reiskuchen, der früher nur zu Ostern gebacken wurde, wird heute zu allen Jahreszeiten zubereitet. Er ist ein sanftes und schlichtes Gebäck, das aus der familiären Sphäre stammt und von Kindern und Erwachsenen geliebt wird, weil er so cremig und süß ist. Als Nachtisch ist er fast zu nahrhaft; Kinder essen ihn gern zum Frühstück oder als Vesper; er paßt zu Kaffee, Tee oder einem Glas Wein. Jede Region ist stolz auf ihr eigenes Rezept; das nachstehende stammt aus Forte dei Marmi.

TORTA DI RISO
Reiskuchen

1 l Milch
200 g Reis
300 g Zucker
1 Briefchen Vanillezucker
8 Eier
1 unbehandelte Zitrone
1 Gläschen Rum
Cognac oder Kirsch

Man kocht den Reis mit einer Prise Salz in der Milch weich, was 30–40 Minuten dauert. Dann vermischt man ihn mit dem Zucker und läßt ihn erkalten, am besten über Nacht, damit der Reis alle Flüssigkeit aufnimmt. Dann vermischt man ihn mit den verquirlten Eiern, der abgeriebenen Zitronenschale und dem Rum. Man streicht die Masse 2–3 cm hoch auf ein eingefettetes oder mit Backpapier belegtes Kuchenblech und schiebt den

Kuchen für eine halbe Stunde in den auf 180° vorgeheizten Backofen. Wenn man ihn herausnimmt, sollte die Oberfläche eine goldbraune Farbe haben.

Eine beliebte Variante dieses Kuchens sind die *Fritelle di riso*, die Reisküchlein, die in der ganzen Toskana am 15. März, dem Sankt-Joseph-Tag, in heißem Öl knusprig gebacken werden. Und schließlich gehören zur Reiskuchen-Familie auch die kleinen superdelikaten *Budini di riso*, die man in den florentinischen Cafés findet. Am besten schmecken sie bei Rivoire auf der Piazza della Signoria.

Wenn Gianna Nannini, die Popsängerin und Zuckerbäckerstocher aus Siena Lust auf etwas Süßes hat, so backt sie sich selber einen Apfelkuchen nach dem einfachsten Rezept, das man sich vorstellen kann. So einfach und gut wie die besten Gerichte der Toskana. Auch sparsam. Und die Zutaten hat man zuhause immer vorrätig. Falls der vorgefertigte Kuchenteig fehlt, kann man in zehn Minuten aus 150 g Mehl und 50 g Butter einen geriebenen Teig zubereiten, den man vor dem Ausrollen 30 Minuten im Kühlschrank ruhen läßt.

TORTA DI MELE DI GIANNA NANNINI

Gianna Nanninis Apfelkuchen

1 Portion Kuchenteig
2–3 Äpfel
(Reinetten oder eine andere Sorte, die beim Kochen fest bleibt)
1 Ei
2 Eßlöffel Milch
geriebene Nüsse

Man legt den Kuchenteig in eine Form, die man mit Backpapier ausgelegt hat und sticht mit einer Gabel einige Löcher hinein. Man schält die Äpfel und schneidet sie in dünne Schnitze, die man spiralförmig auf den Teig legt. Man verrührt das Ei mit der Milch und bestreicht damit die Äpfel gleichmäßig. Dann streut man die Nüsse darüber und schiebt den Kuchen für 20–25 Minuten in den auf 200° vorgeheizten Ofen. Zucker ist nicht nötig.

P.S. Ich habe für diesen einfachen Kuchen eine einfache Variante erfunden, die mir noch besser schmeckt. Ich vermische 30 g geriebene Nüsse, 30g Zucker und 30g weiche Butter zu einer Paste, die ich auf den Kuchenteig streiche, bevor ich ihn mit den Äpfeln belege. Und wenn ich Quitten- oder Traubengelée im Schrank habe, gebe ich davon einen Eßlöffel in eine Tasse, verrühre sie gut mit einem Backpinsel und bestreiche die Äpfel damit, wenn sie heiß aus dem Ofen kommen. Eine Spur Alchimie kann nie schaden; Gianna Nannini wäre damit wahrscheinlich einverstanden.

NACHWORT

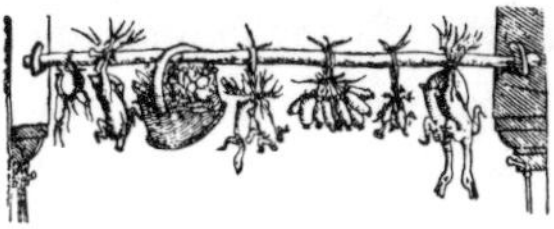

Die Rezepte, die ich bei meinen Erkundungen in der Toskana gesammelt habe, sind einfach nachzukochen. In erster Linie, weil ich selber die einfache Küche liebe und nie versucht habe, aufwendige und raffinierte Gerichte herzustellen. Mir schien es immer wichtiger, Kartoffelpüree, Zwiebelsuppe oder einen gemischten grünen Salat so vollkommen als möglich zuzubereiten. Meine toskanischen Erfahrungen haben mich in dieser Überzeugung bestätigt. So einfach, sparsam und harmonisch wird in keiner anderen Provinz Italiens gekocht.

Hier weiß man unter anderem, daß fast nichts über Spaghetti geht, die nur mit geriebenem Käse und schwarzem Pfeffer gewürzt sind und daß man das beste Kaninchen mit wenig Olivenöl, viel Rosmarin und einem Glas Weißwein im geschloßenen Topf auf dem Herd dünstet.

Diese Beispiele zeigen jedoch, daß einfach kochen auch schwierig ist: wenn eine Speise nur zwei oder drei Zutaten enthält, läßt sich nichts vertuschen oder tarnen; der Geschmackssinn unterscheidet die Nuancen und stellt fest, ob der Käse und der Pfeffer frisch gerieben sind und ob das Kaninchen mit frischem Gras gefüttert wurde. Wer kocht, muß alles, was er verwendet, ständig aufmerksam prüfen und wissen, daß frische Produkte keinen Standardgeschmack haben, daß Gemüse, Kräuter, Fleisch und Fische im Frühling anders schmecken als im Herbst. Er muß alles, was er zum Kochen braucht, betasten, beschnuppern, auf der Zunge kosten und je nachdem eingreifen, korrigieren, dosieren. Rezepte sind keine Dogmen, sondern lediglich Vorschläge und Entwürfe. Deshalb hat es keinen Sinn, genaue Angaben über die Dosierung von Petersilie und Basilikum zu machen. Auch ein Gläschen Rum oder ein Schuß Weißwein bleiben immer Ermessensache.

Was für viele Rezepte feststeht, sei im folgenden kurz erwähnt: Die Mengenangaben gelten für vier Personen. Wenn von Olivenöl die Rede ist, meine ich immer erstklassiges kalt gepreßtes Olivenöl (mein Computer weigert sich, das von der EU vorgeschriebene Gütezeichen »natives Olivenöl extra« zu schreiben). In Salz eingemachte Kapern und Sardellen muß man in Italien besorgen; man kann sich aber auch mit Essigkapern und Ölsardellen begnügen. Frische Tomaten laßen sich fast immer ersetzen durch Eiertomaten oder gehacktes Tomatenfleisch aus der Dose (*Pelati* oder *Polpa pronta*). Vermeiden sollte man bereits pürierte Tomaten (*Passato*). Die in der Toskana so beliebten scharfen, roten Pfefferschötchen (*Peperconcini*) kann man am besten dosieren, wenn man sie getrocknet und grob gemahlen kauft. Verwendet man sie ganz, muß man ihre Schärfe kontrollieren, indem man ein Stück abbeißt, was auf der Zunge höllisch brennen kann. Gemahlene Peperoncini behalten ihr Aroma höchstens drei Monate, ganze ein Jahr; das heißt bis zur nächsten Ernte. Die Frist von einem Jahr gilt übrigens für alle getrockneten Kräuter, Früchte oder Pilze.

Ich habe in der Toskana durch die Empfehlung von Freunden und Bekannten, durch gezieltes Suchen und unerwartete Begegnungen viele Toskanerinnen und Toskaner gefunden, die mir bei meinen Nachforschungen behilflich waren: Köchinnen und Metzger, Gastwirte und Gemüseproduzenten, Journalisten und Photographen, Kuttelverkäufer und Zufallsbekanntschaften im Zug. Ich möchte ihnen allen dafür danken, daß sie mir ihre Zeit und ihr Wißen zur Verfügung gestellt haben. Ein besonderer Dank geht an Max Rigendinger, der mich in Kochfragen beraten hat, und an Marianne Schneider und Klaus Wagenbach, ohne die dieses Buch nicht entstanden wäre.

ALICE VOLLENWEIDER
geboren 1929 in Zürich, Studium der Romanistik. Dissertation über den *Einfluß der italienischen auf die französische Kochkunst im Spiegel der Sprache.*
Literaturkritische Aufsätze zur zeitgenössischen Literatur Italiens. Übersetzungen von Natalia Ginzburg, Luigi Malerba, Eugenio Montale, Giacomo Leopardi und Giorgio Manganelli.

Nach Italien!

ALICE VOLLENWEIDER
Italienische Provinzen und ihre Küche
Eine Reise und 88 Rezepte

Eine Reise durch Italien und seine höchst verschiedenen regionalen Küchen mit vielen Rezepten und anderen nützlichen Hinweisen auf Leute, Orte, Unterhaltungen.

Von einer großen Kennerin der heutigen italienischen Schriftsteller und Kochtöpfe.

SVLTO. Rotes Leinen. 168 Seiten mit vielen Abbildungen

Italienische Reise
Ein literarischer Reiseführer durch Italien

»Ein intellektuelles und sensibles Potential an Italienerfahrung, wie es der Italienreisende nun einmal nicht zusammenschauen und -reisen kann, und drehte er jeden Stein in Italien um.«
Karin Kersten, Sender Freies Berlin

Herausgegeben von Alice Vollenweider
Quart*buch*. Gebunden. 240 Seiten

Nach Italien!
Anleitung für eine glückliche Reise

Ein heiteres Lesebuch für den Reisenden, der mit guten Vorsätzen, aber wenig Kenntnissen ins Land der Zitronen fährt. Über die Leute und ihre Gesten, die Küche und Restaurants, über historische Ereignisse und ihre Straßennamen und die Kunst mit ihrer edlen Perspektive.

Herausgegeben von Klaus Wagenbach
SVLTO. Rotes Leinen. 160 Seiten

ATTILIO BRILLI
Italiens Mitte
Alte Reisewege und Orte in der Toskana und Umbrien

Die alten Reisewege durch das Herz Italiens und seine Orte, beschrieben von Pilgern, Adligen, Schriftstellern, Malern. Ein Hand- und Lesebuch für die Toskana-Fraktion.

Aus dem Italienischen von Annette Kopetzki
WAT 313. Deutsche Erstausgabe. 192 Seiten mit vielen Abbildungen

DIE KÜCHE DER TOSKANA
erschien 2000 als 88. *SVLTO*

Bildnachweis:
Umschlagfoto, S. 45, S. 120: *Märkte dieser Welt, Knesebeck Verlag, Fotos: Nelli Sheffer;* S. 4: Jacopo Pontormo, *Abendmahl in Emmaus, AKG Berlin;* S. 8: Jacopo Pontormo, *Zeichnungen aus seinem Tagebuch;* S. 99: Giulio Romano, *Die Hochzeit von Amor und Psyche (Ausschnitt) AKG Berlin;* S. 53, 54: *Leonardo Galanti;* S. 57, 59: Prestel, *Daniel Spoeri – Biografie und Werk*; alle anderen Abbildungen stammen aus dem Verlagsarchiv.
Wir haben uns bemüht, alle Rechteinhaber ausfindig zu machen. Sollte es uns in Einzelfällen nicht gelungen sein, Rechteinhaber zu benachrichtigen, so bitten wir Sie, sich beim Verlag zu melden.

Einbandgestaltung Groothuis & Consorten, Hamburg
Gesetzt aus der Borgis Janson-Antiqua
Gedruckt und gebunden von Clausen & Bosse, Leck
Gedruckt auf chlor- und säurefreiem Papier
Leinen von Herzog, Beimerstetten
Printed in Germany.
ISBN 3 8031 1187 0